Cécile à Pefa

HISTOIRES DE STARS

Tome 2

DÉJÀ PARU

HISTOIRES DE STARS, tome I, 1992.
Clark Gable, Greta Garbo,
Jean Gabin, Édith Piaf, James Dean et
Humphrey Bogart.

Jean-Claude Brialy
Jean-Pierre Cuisinier

HISTOIRES DE STARS

Tome 2

Edition°1

RAIMU

RAIMU EST BIEN ORIGINAIRE DU MIDI, SON accent en témoigne. Mais il n'est pas de Marseille, l'homme du Vieux-Port, comme les films de Pagnol ont pu le laisser croire. Jules, Auguste, César Muraire est né à Toulon le 18 décembre 1883. Son père est tapissier.

Il grandit dans l'atelier familial au milieu des tissus, des colles et des carcasses de fauteuils. Comme tous les enfants, il va à l'école. Peu doué pour les études, trop exubérant pour se fondre dans la vie quotidienne des fonds de classe, il est chassé de tous les lycées du Var. Seul diplôme : un premier prix de clairon. Déjà artiste! Enfin, sur le papier, car personne ne l'entendra tirer le moindre son de cet instrument militaire. Pas même à la caserne.

« Je ne l'ai jamais entendu sonner du clairon, relate sa fille Paulette. À moi, pour me réveiller, il me jouait de la cloche..., de la cloche de vache! »

Désespérés, les parents Muraire renoncent à faire de leur fils un intellectuel.

« Il prendra la place de son père. Il sera artisan, comme nous. Ce n'est pas plus mal après tout », se disent-ils, résignés.

Jules poursuit donc sa jeunesse comme apprenti tapissier : un univers qu'il connaît bien, mais qui ne suffit pas à satisfaire ce besoin « pathologique » de s'exprimer devant les autres. Sa famille et les ouvriers de l'échoppe ne constituent pas un public assez vaste. Il aime les applaudissements, la foule, les cris, les explosions de rire. Seul le music-hall peut procurer ce type de sensations, il y songe avec envie, chez Mayol, par exemple.

Avec son toupet de blondinet et son éternel brin de muguet à la boutonnière, Félix Mayol règne sur le caf'conc' toulonnais. *Viens poupoule*, à la *Martinique... Martinique*, *À la Cabane Bambou*, tout le monde a l'un de ces refrains dans la tête. Les femmes les fredonnent en faisant la lessive, les hommes les sifflent sur les chantiers, les employés de bureau les miment quand ils sont amoureux. Mayol est la star du Midi avant de le devenir plus tard au concert parisien. Jules rêve de prendre sa place. Il se verrait bien poussant la romance devant des centaines de spectateurs ébahis. Comique troupier, voilà un beau métier! Du reste, Mayol ne s'y trompera pas lorsque, quelques années plus tard, il le lancera à Paris.

« Pourquoi pas moi? » se dit Jules.

À l'insu de ses parents, il rejoint une troupe d'amateurs. De répétitions en représentations de patronage, le gamin sent grandir sa vocation d'artiste. Arrive le jour où un directeur de théâtre lui propose un engagement. Cette fois, c'est sérieux.

Son nom sera à l'affiche. Il va être découvert. Impossible de cacher sa double vie plus longtemps.

« Maman, je vais faire du music-hall! »

Jules attend la réaction maternelle. Devant l'importance de la révélation, elle préfère déranger le père Muraire au fond de l'atelier. Conseil de famille. Paulette racontera la scène.

« Tu te rends compte. Tu vas traîner le nom de ton père sur les affiches comme celui d'un saltimbanque!

– Non, maman, ne t'inquiète pas pour la clientèle. Elle n'en saura rien. Je ne prendrai pas le nom de papa. »

Soupir général. L'honneur de la famille est sauf. Ce n'est pas bien vu dans le commerce de frayer avec des théâtreux.

Jules choisit de se lancer sur les planches sous le nom de Rallum.

L'artiste Rallum n'obtient pas de résultats plus brillants que l'élève Jules Muraire à l'école. Chassé d'un établissement à l'autre, il fait le tour des caf'conc' méridionaux. Personne ne croit à l'avenir de ce grand comique qui ne fait pas rire. Car Jules est grand, immense. À douze ans, il a déjà la taille d'un adulte.

« Sur les photos de famille, on voit que c'est une force de la nature, confiera sa fille. On dirait un homme avec un visage d'enfant. »

Rallum se sert de son physique pour mystifier ses interlocuteurs. Les premiers directeurs de théâtre qui l'engagent s'en souviennent amèrement. Jules n'est pas très ponctuel. Il lui arrive aussi de se fâcher et, dans ces cas-là, il boude. On ne le voit plus pendant des jours, faisant déjà montre d'une personnalité peu commode. Raimu est un caractère. Pour des producteurs de spectacles, c'est intolérable. Alors, ils le menacent, ils le renvoient. Ils veulent lui intenter des procès.

« Vous savez, répond Jules, vous ne pouvez rien contre moi. Je suis mineur! »

Parade imparable. Rallum est intouchable, mais de plus en plus mis à l'index. Difficile de trouver du travail dans ces conditions. Jules retourne alors faire de la tapisserie ou bien il rend visite à son frère, Valentin.

Celui-ci possède un commerce de sel. Il fait l'admiration de la famille. Licencié en droit, commerçant respecté, Valentin n'en éprouve pas moins de l'affection pour son frère saltimbanque. Pour vivre entre deux contrats, il lui propose de venir travailler au magasin.

« Malheureusement, ce pauvre Valentin a fini clochard à Oran, raconte Paulette. Ce qui a fait dire à papa qu'au fond les études ne servaient pas à grand-chose puisque son frère avait échoué et que, lui, qui ne savait pas écrire une lettre sans faire de fautes d'orthographe avait réussi. Mais il ne se rendait pas compte du talent naturel qu'il avait. »

En 1900, les directeurs de théâtre non plus ne se rendent pas compte du talent du jeune Rallum : une présence monumentale, une voix, une faconde et une émotion dont il sait parfaitement jouer. Le succès tarde à venir. Les grands rôles aussi. Il est souffleur à l'Alhambra de Marseille.

« C'est toujours du théâtre », pense-t-il.

Point de vue intéressant. On se demande si ce n'est pas de cette vision du monde vu d'en bas que viendra sa passion pour les jolies jambes.

« Il y a une chose qui l'attirait toujours chez une femme, c'était ses jambes, dit Jacqueline Delubac, plusieurs fois partenaire de Raimu au cinéma. Il me disait : " Jamais je ne pourrais tourner avec une femme qui n'aurait pas les jambes bien faites. " »

C'était très important. Mon père regardait toujours les femmes de bas en haut. D'abord les jambes, et, à la démarche de quelqu'un, il en déduisait son caractère. »

À l'Alhambra, chaque soir les applaudissements vont à Fortuné aîné. Son succès attire les spectateurs de très loin. Celui qui a assisté au spectacle en parle longtemps. C'est un événement qui résonne jusque dans les campagnes du Midi. Or, si Fortuné est un grand artiste, il n'en reste pas moins un homme comme les autres, susceptible d'être malade.

« Fortuné a la grippe. Il vient de faire prévenir. Il ne viendra pas ce soir! »

La nouvelle se propage comme une traînée de poudre. Arrive le directeur affolé, entouré du chef d'orchestre, de l'habilleuse et du régisseur.

« La salle est pleine. On aurait dû lever le rideau depuis une demi-heure. Ils vont tout casser! » se lamente le directeur.

Le spectacle tourne au drame. Le souffleur s'en mêle. Jules propose son idée.

« Je prends le rôle. C'est moi qui vais jouer!

– Comment, toi, le souffleur, mais tu ne sais pas te tenir en scène. »

Jules évoque l'embryon de carrière de Rallum. Il faut convaincre, vite.

« De toute façon, au point où nous en sommes. Rallum ou un autre, c'est mieux que de rembourser », lâche le directeur, désespéré.

Rallum entre en scène. Sa première grande prestation. Le public est surpris..., agréablement surpris. Il lui fait un triomphe. Enfin, Rallum va devenir Raimu.

« Raimu sera mon nom d'artiste puisque le public ne veut pas de Rallum », pense Jules.

Mais encore faut-il se faire un nom. Raimu travaille à devenir un vrai professionnel. Il acquiert du métier. En 1905, on lui propose de partir en tournée en Angleterre. Il refuse à cause de la langue qu'il ne connaît pas. En revanche, il accepte de monter à Paris.

Mayol, qui a de plus en plus de succès et gagne en un soir ce que touche un ministre en un mois, vient d'acheter le Concert parisien qu'il rebaptise aussitôt le Concert Mayol.

Fidèle à sa région d'origine, le fantaisiste engage souvent des artistes du Midi qu'il fait monter à Paris. Raimu, Sardou et Tramel font partie des heureux élus. Ils doivent être les vedettes d'un nouveau spectacle écrit par Yves Mirande : *C'est solide*.

« La revue marchait très fort, entendra dire Jackie Sardou dans sa famille. À tel point qu'un critique avait appelé Raimu, Tramel et mon beau-père les trois comiques à l'huile. »

À l'huile, à trois ou en solo, Raimu au Concert Mayol devient aussi célèbre que la sardine qui a bouché le Vieux-Port. Mayol en prend ombrage. Les disputes entre les deux artistes sont fréquentes. L'homme au toupet rappelle au souffleur de l'Alhambra qu'il lui doit sa réussite.

« Oh! de toute façon, j'y serais venu à Paris! Avec ou sans toi, cette année ou l'année prochaine », lance-t-il à Mayol. Jules ne doute pas de son talent.

Avant la Grande Guerre, la vie artistique parisienne se partage en deux mondes : le caf'conc' auquel appartiennent les chanteurs et les comiques troupiers et le théâtre sur lequel règnent les grands acteurs comme Réjane ou Lucien Guitry. Le public n'est pas le même. Au théâtre, les places sont chères et occupées par les bourgeois. Le caf'conc' fait partie de ces divertissements populaires que la bonne société ne fréquente qu'en touriste. Lucien Guitry s'y aventure de temps en temps à la recherche de plaisirs simples et pour aller y chiner quelques talents. Ainsi rencontre-t-il Raimu et l'invite-t-il à passer le voir à son théâtre.

Le comique méridional rend visite au maître le soir même. Très impressionné, il lui conseille de rejoindre la famille du théâtre :

« Qu'est-ce que vous faites au caf'conc'? Vous perdez votre temps. Vous êtes fait pour le théâtre avec la voix que vous avez. Vous êtes un acteur qui va au fond de la salle! »

Raimu est bouleversé par la révélation de Guitry. « Vous êtes un acteur qui va au fond de la salle..., au fond de la salle... » Résonnent dans sa tête les mots du maître tandis qu'il arpente les quais de la Seine dans la nuit.

« Ces propos l'ont beaucoup aidé dans la suite de

sa carrière. Il en parlait souvent », répétera Charles Moulin, l'un des acteurs de *La Femme du boulanger*.

Le théâtre, Raimu y pense. Mais personne ne lui a encore ouvert de porte. Guitry s'en est bien gardé. Alors, il poursuit sa carrière au music-hall jusqu'à la guerre.

Affecté au régiment du 15e train des équipages à Orange, Raimu est mobilisé. Envoyé au front, il se bat dans les tranchées.

« Un jour qu'il venait d'échapper à la mort, mon père a ramassé un petit morceau de bois sur le champ de bataille. Il l'a gardé. À son retour, il y a attaché sa plaque militaire et ses médailles. C'est devenu un talisman. Il l'a toujours gardé sur lui dans sa poche. Sauf le jour de sa mort. Il l'avait oublié à la maison. »

Suffisamment malade pour être démobilisé, Raimu se retrouve à Paris en pleine guerre. On l'a oublié. Il lui faut tout recommencer, passer des auditions comme un débutant.

Sa chance va avoir le visage d'une femme : Spinelly.

Spinelly fait partie des grandes actrices que s'arrachent les auteurs à la mode. Elle est belle, très belle, autant qu'elle a de talent. Heureusement, parce qu'on se demande comment elle aurait pu convaincre Rip qu'on appelle « M. Rip » tellement son succès impose le respect. Rip qui vient d'accepter de Spinelly ce qu'aucune autre n'aurait pu imposer : engager dans sa nouvelle pièce un inconnu, ou presque, qui a un énorme accent et qui articule mal. C'est Raimu.

Jules interprète le baron Joli Bois des Sardines. Inutile de préciser qu'il ne s'agit pas d'un drame. Mais c'est du théâtre, pas du caf'conc', ni même du music-hall. « L'acteur-qui-va-au-fond-de-la-salle » fait maintenant partie de la noblesse du spectacle. Sa carrière est relancée. Théâtre et music-hall. Les deux genres se partagent ses faveurs. Mistinguett et Maurice Chevalier le prennent pour partenaire. Sacha Guitry, fâché à l'époque avec son père, constate lui aussi que l'acteur « va au fond de la salle ». Il l'engage pour deux pièces : *Faisons un rêve* et *Le Blanc et le Noir*. À partir de ce moment, Raimu se consacre de plus en plus au théâtre. Il enchaîne une longue série de succès avec Spinelly.

Spinelly-Raimu est le couple vedette du Boulevard des années 20.

« Spinelly correspondait tout à fait physiquement au type de femme qu'aimait papa. Elle était petite, menue, avec des petits pieds. Ça, c'est un trait de son caractère. Il adorait tout ce qui était gros, grand, important : les gros meubles, les grandes maisons, les gros chiens, les grosses voitures, mais les petites femmes! » confie Paulette.

Après un remarquable succès dans *Le Roi*, une pièce reprise plus tard par la Comédie-Française, Raimu interprète le rôle principal d'une œuvre d'Yves Mirande : *Édith de Nantes*. Il s'agit d'une satire des mœurs de la bonne société parisienne de l'époque. Le sujet provoque immédiatement une cabale qui interrompt la carrière du spectacle dès la première représentation. Le roi Raimu est en échec. Il va devoir passer une partie des Années folles chez Léon Volterra, le roi du music-hall.

Volterra a commencé comme petit marchand de programmes et a bâti un empire. Il possède le théâtre Marigny, la Gaîté Rochechouart, l'Alhambra de Bruxelles et l'étonnant Luna Park de la porte Maillot. Au-dessus du Casino de Paris, qui lui appartient aussi, il a ouvert Le Perroquet, une boîte de nuit où ministres, princes et vedettes se disputent pour avoir une table. Dans chacun de ses théâtres, l'ingénieux Léon a eu l'idée d'ouvrir une agence de location, ce qui lui permet, lorsque la revue se joue à bureaux fermés, de garder en réserve des places pour les amis à des « prix d'amis », c'est-à-dire deux ou trois fois plus cher qu'au tarif normal.

Quand Volterra n'est pas en train de signer un contrat, de surveiller la recette ou d'assister aux répétitions de l'un de ses spectacles, tout le monde est certain de le trouver sur un hippodrome. Sa passion pour les courses et son exceptionnelle réussite lui ont permis de monter une écurie de cracks que sa femme Suzy continuera à améliorer longtemps après sa mort.

Girls, plumes, boys et paillettes, les revues de Volterra offrent le spectacle du gai Paris que des acteurs, de préférence comiques, viennent agrémenter entre chaque tableau. Raimu est la vedette de ces sketches. Il adore apparaître dans toutes sortes de situations et de costumes. Tout le monde aime sa façon de camper un personnage, de faire ressortir aussitôt son aspect ridicule et sa dimension humaine. Il sait mettre à profit la force comique même dans les revues les plus anodines. Jules ne regrette pas les grands rôles du Boulevard. Il a trouvé au Casino de Paris un public, subjugué, qui l'encense. Invité aux soupers fins donnés par les locomotives de la vie parisienne, il fait partie des personnalités qui comptent. Sa voix va jusqu'au fond des salons. Son art s'enrichit des travers des grands personnages et de l'humanité des faibles. Sa vaste silhouette retenue par une extrême élégance est désormais célèbre.

« À la ville, c'était un homme très raffiné, très soigné, se souvient Jacqueline Delubac, elle-même experte pour avoir été la femme de Sacha Guitry. Raimu m'avait fait cette remarque intelligente : " Tu vois quand on est un homme fort, il faut s'habiller avec des costumes larges parce que, si on met des vêtements étriqués, cela vous fait paraître encore plus gros. " »

« Je crois que ce goût des belles choses, ce sont ses parents qui lui ont donné, remarque sa fille Paulette. Étant tapissier, son père avait toujours de belles étoffes dans son atelier. Papa aimait les regarder et puis il les avait travaillées dans sa jeunesse. Mais sa tenue n'avait jamais rien d'excentrique. Elle restait très classique : toujours la même coupe de costume, la même forme de chaussures..., des chaussures achetées avec une demi-pointure au-dessus pour éviter les cors aux pieds. J'ai rarement vu des pieds et des mains aussi soignés, aussi beaux que ceux de papa! ».

Le 28 février à La Ciotat, Louis Lumière projette le premier film de l'histoire du Cinématographe. Le même jour, à quelques kilomètres de là, l'instituteur Joseph et Augustine, la plus jolie couturière de la région, ont un fils qu'ils appellent Marcel..., Marcel Pagnol.

En 1902, les Pagnol partent vivre à Marseille où

ils auront encore trois enfants. Après de brillantes études, Marcel choisit de suivre la voie de son père : l'enseignement. Jeune professeur, ses élèves le surnomment Judex en raison de la grande cape romantique qu'il ne quitte jamais.

De Marseille, il monte enseigner l'anglais à Paris au lycée Condorcet. Gaston Gallimard à qui il vient d'envoyer un roman lui conseille plutôt d'écrire pour le théâtre. Marcel suit le conseil de l'éditeur. Il ne le regrettera pas. Très vite, il obtient un vif succès avec *Topaze*.

En 1927, Pagnol imagine de nouveaux personnages sur le modèle de ceux de son pays : des gens simples qui parlent avec l'accent du soleil et qui regardent la vie avec le cœur. Il donne naissance à *Marius*, pièce en quatre actes pour laquelle Marcel cherche un théâtre et des interprètes.

Personne ne s'étonne d'apprendre qu'il dirige ses recherches vers Marseille. Frank, directeur d'un théâtre de la cité phocéenne, lit la pièce et... la refuse.

« Pourquoi, tu ne la trouves pas bonne, ma pièce? lui écrit le jeune auteur.

– Si, elle est même très bonne. Mais je pense que tu devrais la monter d'abord à Paris. Va voir Raimu de ma part. Il joue chez Volterra. »

Frank est sincère. Il écrit une lettre de recommandation à Raimu bien qu'il soit fâché avec lui depuis quelques mois pour une sombre histoire de cachet. Pagnol se rend chez Volterra. Il frappe à la loge de Raimu, qui vient de sortir de scène habillé en femme. Situation cocasse qui intimide et amuse Marcel. Il se présente :

« Je viens d'Aubagne et j'ai écrit une pièce que j'aimerais vous faire lire.

– Oh! vous êtes d'Aubagne! Ça me fait plaisir. Mais, pour lire la pièce, je n'ai pas beaucoup de temps. On m'en donne tous les jours des pièces à lire. Enfin, puisque vous êtes d'Aubagne et que vous êtes recommandé, je vais faire un effort. »

Quelques jours plus tard, les deux hommes se retrouvent. Raimu a lu la pièce. Marcel attend son verdict.

« Eh bien, mon ami, c'est très intéressant votre *Marius*. Je crois que je vais la jouer votre couillonnade marseillaise! »

Voilà comment la scène a été rapportée plus tard par Raimu à sa fille.

« Marcel avait demandé à papa de jouer le rôle de Panisse.

– Non, je serai César, car c'est Raimu qui recevra Charpin dans son bar! » aurait-il répondu.

Charpin est un tragédien habitué aux scènes des théâtres nationaux. Raimu a eu l'occasion d'être son partenaire, et il n'a pas oublié la présence extraordinaire et les immenses qualités du comédien. Il serait fier de retrouver Charpin en Panisse à ses côtés. Charpin hésite. Pourquoi viendrait-il se compromettre dans une vulgaire pièce de Boulevard? Pour Raimu, qu'il admire malgré ses gros rôles de comique au music-hall.

Pagnol pense à Pierre Blanchar pour camper le personnage de Marius.

Mais il est indisponible, alors Fresnay fera l'affaire.

« Fresnay? Comment cet *Alsacien* protestant pourrait-il être le fils d'un patron de bistrot marseillais! » hurle Raimu en mettant l'accent sur *alzacien* qu'il écrit avec un z.

Fresnay, en professionnel accompli qui fait sa rigueur naturelle, se met à travailler. Il descend pendant un mois à Marseille, étudie les personnalités qui fréquentent le Vieux-Port et se met l'accent entre les dents.

Reste le rôle de Fanny. La décision n'est pas discutable. Ce sera Orane Demazis, elle est la compagne de Pagnol.

Robert Vattier, Mouries, Dullac complètent la distribution.

On peut répéter.

« Quand ils sont arrivés à la partie de cartes, Marcel a dit : " Cette scène est très mauvaise. Ça alourdit la pièce. Il faut la couper! " » disent les témoins.

Parallèlement, Fresnay confie à Raimu qu'il a une grande scène avec Orane qu'il trouve trop longue. Jules promet d'en parler à Marcel. Puis il réfléchit. Il croit à l'effet comique de la partie de cartes, il a conscience que la remarque de Fresnay est fondée.

« Est-ce qu'on ne pourrait pas couper un peu l'une et mettre l'autre en valeur? » se dit-il.

L'idée fait son chemin. Raimu convoque tous les comédiens un dimanche après-midi pour une répétition exceptionnelle. Le soir, Pagnol passe au théâtre à la demande de Raimu et assiste au filage de *Marius*. Tout est parfait. La partie de cartes à laquelle il ne croyait pas devient un morceau d'anthologie. Le jour de la première, tout Paris applaudit. *Marius* promet d'avoir un succès considérable auprès du grand public. Marcel, ému, entre dans la loge de Raimu. Sur la table, il prend un crayon de maquillage et écrit : *M. Raimu est un génie.*

Lorsque l'acteur sort de scène et lit l'hommage de Pagnol, il ne peut pas s'empêcher de le découper et de le mettre dans sa poche comme un précieux billet d'amitié.

« Papa a mis le petit bout de papier sous verre dans un cadre et, toute ma vie, je l'ai vu posé sur son bureau. »

Le théâtre de Paris affiche la centième, deux centième, trois centième..., cinq centième représentation de *Marius* et chaque soir refuse du monde. Le théâtre vit ses beaux jours. Le cinéma balbutie avec le sonore, et seuls quelques progressistes prédisent l'avenir du cinéma parlant.

En 1930, Raimu, star du théâtre, n'a eu aucune proposition venant du cinéma. Officiellement, Jules méprise cette forme d'expression. Confidentiellement, Raimu serait flatté qu'un producteur lui propose de tourner des films. En secret, il attend ce moment-là avec impatience. Sa rencontre avec Roger Richebé va combler ses espoirs.

« J'ai fait sa connaissance chez Wepler, cette grande brasserie qui était autrefois près de chez Maxim's. Raimu était attablé avec des amis et en le saluant je lui ai dit : “ Pourquoi vous ne faites pas de cinéma?

– On ne me veut pas, m'a-t-il répondu avec cette voix basse qui vous saisissait d'émotion.

– Bon, eh bien, passez demain à mon bureau. Nous arrangerons cela. ” »

Roger Richebé débute lui aussi au cinéma. Nommé directeur de production d'une compagnie de films deux semaines avant sa rencontre avec Raimu, il cherche des acteurs et des sujets à tourner.

« Nous nous sommes retrouvés dans mon bureau et nous avons signé un contrat d'exclusivité pour trois ans. Puis nous nous sommes posé une question importante : " Qu'est-ce qu'on va tourner? " On a réfléchi, et Raimu m'a suggéré l'idée de reprendre la pièce de Sacha Guitry qu'il avait jouée au théâtre : *Le Blanc et le Noir*. On a tourné le film dans l'ordre chronologique des scènes. En fait, on a fait du théâtre filmé. »

« Ce qui gênait mon père au cinéma, c'était de jouer les scènes dans l'ordre des impératifs de production. Ne pas suivre le récit pour lui qui était un acteur formé au théâtre était une gymnastique à laquelle il avait du mal à se faire. »

Le premier metteur en scène de Raimu au cinéma s'appelle Robert Florey. Il fera par la suite une brillante carrière à Hollywood. Mais le tournage est orageux. Florey et Richebé ne s'entendent pas. Le producteur décide de remplacer le metteur en scène. Marc Allégret est désigné pour reprendre la réalisation. Il doit se battre pour s'imposer à Raimu. Jules est de tempérament colérique. Allégret imagine alors un stratagème pour prendre l'acteur en flagrant délit. Il fait installer discrètement sur le plateau un micro qui enregistre les conversations à l'insu de tout le monde puis il reprend le travail jusqu'à la prochaine colère de Raimu, colère qu'il fait rediffuser aussitôt le plus fort possible dans les studios. Jules, surpris, finit par admettre son caractère difficile.

« C'est vrai que papa était coléreux, et cela le

rendait malheureux. Une fois qu'il avait crié après tout le monde à la maison, il sortait acheter des cadeaux pour se faire pardonner. »

Après *Le Blanc et le Noir* de Sacha Guitry, Raimu tourne *La Petite Chocolatière* et une opérette *Mam'zelle Nitouche*, deux films mis en scène par Marc Allégret. Le contrat passé avec la compagnie de Roger Richebé lui permet de faire de bons débuts au cinéma et de remonter ses finances, sérieusement éprouvées par une malheureuse affaire.

« Quand j'ai engagé Raimu, il avait perdu tout son argent, racontera Roger Richebé. Il avait été dépouillé par un financier à qui il avait prêté de l'argent et qui s'était évanoui dans la nature. »

La colère d'avoir été « roulé », le tempérament excessif et le plaisir de raconter une histoire le font exagérer la situation. Il joue le malheureux. Par exemple, un soir de relâche, devant une vitrine de magasin, en compagnie de Pagnol et de Volterra, il remarque un phonographe.

« Tiens, voilà un " graphophone " que je me paierais bien si je pouvais », fait-il remarquer.

Marcel lui répond qu'il lui suffit de venir le chercher quand la boutique sera ouverte et qu'il se fera un plaisir de le lui offrir. Léon ajoute qu'il lui fera cadeau des disques. Maheureusement, le lendemain, tout le monde pense à autre chose, sauf Raimu, il se souvient des promesses de ses amis.

« Des amis qui ne tiennent pas leur parole. Ne croyez jamais ce que vous promettent *Môssieur* Pagnol et *Môssieur* Volterra... »

À force de répéter à l'envi sa mésaventure, Raimu se forge une réputation d'homme ayant tendance à être un peu trop près de son bien.

La carrière de *Marius* au théâtre incite le cinéma à s'intéresser à son succès. Depuis les débuts du cinéma parlant, les grandes compagnies de Hollywood pillent le patrimoine culturel de l'Europe. Paramount décide de détacher un bureau à Paris. L'organisation française ressemble en tous points à celle de Californie : un directeur de production américain dirige une troupe de vedettes maison pour lesquelles travaillent des scénaristes mensualisés et des metteurs en scène sous contrat. Pour Robert Kane, le directeur de Paramount-France, il n'y a aucune raison de ne pas soumettre *Marius* à la loi du star-system.

Le rôle de Marius revient à Henri Garat, celui de César à Victor Francen et les autres personnages doivent être interprétés par les acteurs figurant sur le planning du mois. Pagnol refuse et déclare que le film sera joué intégralement par les comédiens qui ont créé la pièce. Paramount cherche à négocier. Marcel a les moyens de tenir. Il n'a pas besoin d'argent, et le succès de son œuvre est tel que les Américains veulent absolument acquérir les droits. Finalement, la décision est prise, et Pagnol obtient gain de cause, mais la réalisation est confiée à un metteur en scène de Paramount : Alexandre Korda.

« C'était un Hongrois qui avait fait toute sa carrière à Hollywood et papa l'avait baptisé " le Tartare d'Olivôd! " »

Pagnol a réussi à imposer ses acteurs. Mais il n'est pas certain d'obtenir la participation de Raimu. D'abord, parce qu'ils sont fâchés à cause du « graphophone », ensuite parce que Jules est sous contrat d'exclusivité pour le cinéma avec Roger Richebé.

« On ne pouvait pas se passer de mon autorisation. La Paramount était venue me voir pour négocier, j'avais refusé. Pagnol, à son tour, est arrivé. J'ai vu un bel homme jeune entrer dans mon bureau en me déclarant : " Vos conditions seront les miennes, monsieur Richebé. Prêtez-moi Raimu pour jouer César. " »

Le producteur ne voit aucune raison pour se laisser convaincre. Pourquoi céderait-il un acteur vedette qu'il a sous contrat? Richebé ne pratique pas l'échangisme de stars dont les compagnies de Hollywood sont coutumières.

« Pas question, monsieur Pagnol.

– Voyons, Richebé, entre Marseillais, on ne peut pas se faire ça! »

Désarmé par cette réflexion inattendue, Roger Richebé éclate de rire et accepte de prêter Raimu..., pour rien!

Marcel, une fois réconcilié avec son ami Jules, découvre la façon de faire un film. Le tournage de *Marius* se déroule simultanément avec trois équipes d'acteurs car les techniques de doublage en langues étrangères n'existent pas encore. Dans le même décor, dès que les Marseillais ont terminé une scène, arrivent un César, un Marius, une Fanny, un Panisse allemands ou suédois pour tourner la séquence pour leur pays respectif.

Le cinéma parlant a ses contraintes. La voix de Raimu a les siennes. Les preneurs de son de l'époque ont les leurs. Jules fait éclater les micros. Impossible d'enregistrer son texte dans de bonnes conditions. La Paramount fait venir un des meilleurs ingénieurs de Hollywood. Raimu donne un petit peu moins de puissance, plus de velouté dans ses intonations. L'Américain a beaucoup de mal à capter l'organe du Méridional. Sur le point de renoncer, il suggère à la production de changer d'acteur. Pagnol s'interpose.

« Monsieur, vous, vous pouvez être remplacé. Raimu, lui, est irremplaçable. C'est le plus grand acteur du monde! »

La Paramount a compris. On remplacera les micros. Les Américains tiennent tant à faire *Marius*. Cinq cents représentations au théâtre à Paris. Imaginez le nombre d'entrées que peut faire le cinéma en distribuant le film sur plusieurs continents.

Dans la vie de Jules Muraire, Raimu n'est pas seul. Une femme et une petite fille partagent tout ce qui n'est pas théâtre ou cinéma. Jules connaît Esther depuis cette année 1923 où il l'a rencontrée au Lido, un dancing de Toulon appartenant à des amis. Une femme ravissante, intelligente, avec un esprit qui pétille dans la conversation. Brune et petite, elle a le type méridional comme les aime le grand Raimu. Son père est marin..., marin breton.

« Ses parents viennent de Brest. Mais maman est née à Narbonne, et elle a passé son enfance et sa jeunesse dans le Midi. Ce qui lui faisait dire : " J'ai été mise en chantier en Bretagne et lancée à Narbonne. " »

Esther, la jolie Toulonnaise, Jules l'a épousée au cours des Années folles et ils ont eu une petite fille : Paulette.

« Il avait des côtés maternels. Il s'est beaucoup

occupé de moi. C'est lui qui m'habillait et qui me sortait. »

Raimu ne tourne jamais le jeudi. Le jour de congé des enfants, il le passe toujours en compagnie de Paulette. Pour sa fille, rien n'est trop beau. C'est un papa gâteau, prêt à traverser la France pour trouver le landau blanc dont elle rêve ou bien il fait faire par les décorateurs des studios un ange qui porte la réponse du Père Noël dans une grande enveloppe argentée.

Les années de pension lui seront insupportables. Il est plus malheureux que Paulette. Il vient la voir, les bras chargés de bonbons, de gâteaux et de cadeaux.

« Je me souviens, un jour, j'ai invité la petite au jardin d'Acclimation, racontera Charles Moulin. Avec ma section sportive, nous devions donner un numéro. Eh bien, quand je lui ai proposé d'y amener Paulette, je l'ai senti bouleversé. Faire plaisir à sa fille, c'était le plus beau cadeau qu'on pouvait lui offrir. »

À la sortie du film *Marius*, Raimu devient encore plus populaire. On connaît maintenant sa silhouette et son visage caractéristiques dans la France entière. Les gens se poussent du coude quand il passe dans la rue, mais personne ne se risquerait à l'importuner en lui demandant un autographe. Sa stature en impose. Quand il descend les Champs-Élysées, Jules est un empereur. Le parlant en fait une des plus importantes vedettes françaises de son époque.

Succès au théâtre, succès au cinéma, *Marius* ne peut pas rester sans suite. Producteurs, amis, public, tout le monde pousse Marcel à écrire une autre pièce reprenant le même décor et les mêmes personnages. Pagnol écrit *Fanny*. Au Théâtre de Paris, les répétitions commencent avec les mêmes comédiens.

Fort de son énorme succès, Raimu peut désormais jouer d'égal à égal avec les magnats du spectacle. Volterra s'en rend compte à ses dépens. L'acteur s'absente un jour en prétextant un deuil. Le directeur du Théâtre de Paris croit à un caprice déguisé en cas de force majeure, il le fait savoir, Jules en prend ombrage, un mot en entraîne un autre. Léon, habitué à faire plier le monde du spectacle sous son autorité, se fâche. Les deux hommes se séparent. Raimu ne sera pas le César de *Fanny*. Harry Baur est engagé pour lui succéder. Or le public ne reconnaît pour César que Raimu. Malgré l'excellente performance de Harry Baur, *Fanny* est un échec.

Au cinéma, *Fanny* rencontre aussi des difficultés. La Paramount refuse de tourner le film sous prétexte que les suites ne rapportent jamais d'argent.

« Pagnol est venu me trouver, dit Roger Richebé, pour me demander si j'acceptais de faire le film. »

Richebé et Pagnol s'associent. Ils fondent la société de production Les Films Marcel Pagnol. Ils décident que le metteur en scène de *Fanny* sera Marc Allégret et que César sera... Là un différend oppose les deux associés. Richebé veut imposer Raimu. Il a l'acteur sous contrat et il est devenu son ami. Pagnol exige que ce soit un comédien avec l'accent. Qui l'on voudra, mais pas Raimu. Depuis son départ de chez Volterra et l'échec de *Fanny*, Marcel est fâché contre Jules. La situation est bloquée. Personne ne veut céder.

« Et puis un jour, j'ai vu arriver Raimu tenant le menu d'une célèbre brasserie de Marseille, expliquera Roger Richebé. Il m'a montré la signature et les quelques lignes de texte que Pagnol avait écrites entre le plat du jour et les desserts. Marcel accordait le rôle de César à Raimu et lui offrait un pourcentage sur les recettes. »

Fier de ce document qui montre sa victoire et son influence sur le monde du théâtre, Raimu fait ratifier son curieux traité de paix à Roger Richebé, tout en s'empressant de lui revendre son droit au pourcentage sur les recettes, persuadé que *Fanny* au cinéma ne fera pas plus d'argent qu'au théâtre. Erreur de jugement qui va coûter beaucoup de regrets à l'acteur. *Fanny* sera un véritable succès commercial qui appellera la trilogie.

Après *Marius* et *Fanny*, voilà *César*. Toujours la même distribution. Pagnol a la chance de pouvoir compter sur la même troupe de comédiens au théâtre et au cinéma, ce qui donne une très grande unité et une même ambiance à l'ensemble de son œuvre. Sa renommée est désormais acquise.

Marcel fait du cinéma à sa façon. Il tourne sans contrainte, en dehors de toutes considérations de productivité. Le succès lui a ouvert des perspectives de budget quasi illimitées. Aussi, il travaille comme il vit : ouvert à tout ce qui l'entoure. Il n'est pas rare de le voir arrêter le film pour observer des phénomènes naturels comme des insectes au travail ou pour faire un cours de botanique sur des plantes rares qu'il vient de découvrir. De même, on respecte le moment le plus sacré de la journée : la sieste.

1937, Sacha Guitry téléphone à Raimu pour lui demander de tenir un rôle très court dans *Les Perles de la couronne*. Pour Guitry, Jules ne refuse pas. Il se sent toujours honoré d'avoir la confiance du maître. Sacha propose à l'acteur de fixer lui-même son cachet pour sa participation, celui-ci refuse. Alors Guitry tient à offrir pour le remercier quelques cadeaux à la femme de Jules.

« Maman est allée chez le bijoutier choisir un bracelet et deux broches. Elle était très contente, jusqu'au jour où papa a reçu un rappel d'impôts. Guitry avait comptabilisé son cadeau dans les avantages et salaires versés par la production du film, et mon père, croyant à un cadeau d'amitié, ne l'avait pas déclaré. Cette histoire est restée célèbre dans la famille. »

Entre 1931 et 1938, Raimu tourne vingt-sept films. Le public, ses partenaires, les producteurs le considèrent comme un très grand acteur. Pour tout le monde, c'est une immense vedette.

En 1938, après *L'Étrange Monsieur Victor* réalisé par Jean Grémillon, Raimu apparaît dans *La Femme du boulanger* de Marcel Pagnol. L'histoire est tirée d'une partie d'un roman de Jean Giono : *Jean le Bleu.* Dans un petit village de Provence, un boulanger vient s'installer avec sa femme, qui est très jeune et très jolie. Elle semble même trop belle pour rester avec le brave et vieux boulanger. Elle se laisse séduire par un jeune berger qui l'enlève.

Le personnage du berger a une présence charnière dans le film. On le voit peu, mais dans une scène intense qui fait passer le récit de la comédie de mœurs au drame de tout un village. C'est lui qui séduit la boulangère. L'homme doit être beau, rustre, bucolique comme s'il sortait d'un poème de Virgile. Raimu et Pagnol sont à la recherche de l'acteur qui répondra à ces exigences.

Quand Charles Moulin arrive dans les bureaux des Films Marcel Pagnol, tous les visages s'éclairent.

« C'est lui », pensent les collaborateurs de Pagnol.

Lorsque Marcel, à son tour, découvre Moulin, il est sûr de tenir le personnage du berger. Il reste à convaincre Raimu. Pas facile. Charles a déjà fait du cinéma, mais c'était dans le rôle de Tarzan. Que va dire Jules quand il apprendra qu'il va devoir jouer avec un Tarzan!

« M. Pagnol, avec ses couillonnades pagnolesques, il va nous amener un Tarzan. Oui, un Tarzan! Ces espèces de types qui ont de grandes épaules et un petit cul!... »

Voilà comment Charles Moulin racontera la colère de Raimu le jour de sa première entrevue.

« Puis il m'a regardé quelques secondes sans parler. Il s'est approché de moi, m'a tâté le biceps et a dit : " Oh! mais il en a plein la manche! D'où venez-vous? Vous avez les arcades espagnoles, le regard chaud italien, les pommettes hawaïennes, mais de quel pays vous êtes? " Alors, moi, je lui ai dit que j'étais de Montélimar et il m'a répondu : " Ah! vous êtes du Nord! " »

Après avoir découvert le berger idéal, Pagnol et Raimu cherchent la boulangère. Le rôle est court, à peine cent cinquante mots, mais il faut une femme d'un charme et d'une beauté irrésistibles. Marcel pense à une star de Hollywood : Joan Crawford par exemple. Jules finit par le convaincre que Ginette Leclerc sera parfaite.

Le boulanger, tel qu'il est décrit dans le roman de Giono, est un homme si petit qu'il ne trouve jamais de maillot à sa taille. Pour ce rôle, Pagnol a d'abord pensé à Maupi.

Maupi est l'ombre de Raimu, sa ponctuation, son souffre-douleur, son ami, celui qui ne le quitte jamais. Ils se connaissent depuis l'époque où ils jouaient ensemble dans de petits opérettes en un acte au palais Cristal à Marseille, en 1900. Maupi a bien la taille du personnage de Giono, mais, en écrivant le rôle, Marcel a fait apparaître instinctivement un boulanger qui ressemble à Raimu. Maupi ne sera pas le boulanger, Raimu non plus. Vexé qu'on ne lui ait pas demandé en premier, il refuse d'interpréter le personnage.

Pagnol songe alors à Poupon. L'acteur ne veut pas croire qu'on lui confie une telle responsabilité.

« Marcel, ne plaisante pas. Tu me dis ça aujourd'hui. Je vais me mettre à y croire. Demain, tu vas changer d'idée et je serai déçu et malheureux. »

Pagnol, pour montrer à Poupon qu'il ne se moque pas de lui, arrache un morceau de la nappe en papier sur laquelle ils finissent de déjeuner. Dessus, il rédige un contrat. Il engage Poupon pour jouer le boulanger. L'autre commence à croire sérieusement à sa chance.

« Oui, mais, tu ne peux pas jouer avec tes dents, lui dit Marcel.

– Qu'est-ce qu'elles ont mes dents?

– Ce ne sont pas des dents de boulanger!

– Tu veux des dents de boulanger? Ne t'inquiète pas, Marcel, j'ai un cousin qui est dentiste à Apt. Je vais lui demander d'arranger ça. »

Un mois plus tard, Poupon revient voir Pagnol les dents limées comme des meules de meunier.

« Regarde mes dents, Marcel, ce ne sont pas des dents de boulanger?

– Oui, ce sont bien des dents de boulanger, mais c'est toi qui n'es plus le boulanger parce que c'est Jules qui le fait. »

Raimu, en effet, de peur de voir le rôle lui échapper a accepté de tourner le film.

Pagnol tourne *La Femme du boulanger* près de Toulon dans un village qui deviendra plus tard célèbre grâce au sport automobile : Le Castelet. Les habitants ne verront pas beaucoup d'images de leur pays au cinéma car les scènes tournées en extérieur sont volontairement réduites, Raimu a besoin de pouvoir se concentrer avant de jouer. Il lui faut le calme que seul le travail en studio ou dans une salle de théâtre peut apporter.

« Il travaillait beaucoup, racontera Charles Moulin. Pendant les pauses, je montais souvent sur les toits pour prendre des bains de soleil et de là je pouvais l'observer. Il s'isolait et répétait. C'était extraordinaire. Je le voyais travailler les scènes, mimer les personnages, décomposer leurs gestes. Il apprenait son texte au rasoir pour pouvoir s'en libérer et être capable de jouer la vérité du personnage au moment du tournage. »

Après un énorme succès en France, *La Femme du boulanger* est projeté à New York en exclusivité pendant un an. Les Américains, touchés par le film et par le rôle du boulanger, décernent l'Oscar de la meilleure interprétation masculine à Raimu. Quand il reçoit la statuette accompagnée d'une carte portant la signature du Président Roosevelt, Jules écrit cette lettre de remerciement.

Cher Président. Je vous remercie beaucoup d'avoir pris la peine de m'envoyer vous-même cette statue. Elle n'est pas très belle encore qu'elle soit en or, mais étant donné ce qu'elle représente, elle est à mes yeux la plus belle œuvre d'art de la terre. On m'a expliqué que l'acteur qui la détient est champion du monde. Champion du monde, c'est quelque chose!

A Paris, Raimu vit tout près des Champs-Élysées. Il n'a que quelques pas à faire pour se rendre là où se retrouvent les gens du cinéma, au Fouquet's. Les Méridionaux ont leur table, sans femme, comme dans le Midi. Le café, c'est une affaire d'hommes.

Rentré chez lui, Jules fait en famille ce qu'il tourne parfois au cinéma : il joue aux cartes.

« Papa avait horreur de sortir le soir. Maman sortait et souvent on se retrouvait tous les trois avec ma grand-mère et lui à jouer à la belote. Il trichait, ce qui me mettait dans des colères affreuses. Et puis il aimait faire des plaisanteries. Il offrait à ma grand-mère des bonbons. C'était des suppositoires à la glycérine. Mémé n'osait pas les refuser de peur que mon père ne se fâche. Et lui, il attendait qu'elle les porte à la bouche pour les lui retirer. »

En 1939, Raimu tourne cinq films dans lesquels il a pour partenaires Marie Bell, Michel Simon, Pierre

Brasseur, Yvonne Printemps, François Périer. Il retrouve aussi Robert Vattier, Maupi, Pierre Fresnay et Jacqueline Delubac, qui à cette époque est la femme de Sacha Guitry.

« Les personnages que me proposait Sacha étaient des personnages de théâtre qui ne me ressemblaient pas forcément. Avec Raimu, j'ai joué des personnages plus vivants, ce qui me permettait d'être plus à mon aise, bien qu'il ait été difficile de jouer avec lui. Dans les premiers plans par exemple, il n'aidait pas sa partenaire. Il débitait son texte d'une façon monocorde en vous regardant en haut du front. Je l'admirais beaucoup comme comédien, et il a contribué au succès de nombreux films en y apportant sa personnalité, mais il ramenait tout à lui. Les spectateurs en sortant de projection disaient : " Ah! Raimu est merveilleux! " Mais je crois que le film était moins bien car il faut une participation des acteurs et du metteur en scène. Comme souvent le metteur en scène était terrifié par Raimu, il laissait faire. »

En 1940, Raimu interprète trois films dont *La Fille du puisatier*, où il a pour partenaire un autre Méridional célèbre : Fernandel.

« Je me souviens d'une anecdote entre Jules et moi, raconta Fernandel. Toute l'équipe du film avait l'habitude de déjeuner chez un restaurateur qui s'appelait Vinaigre. Raimu adorait manger des rougets. Un jour, Vinaigre nous dit : " Vous savez, j'ai quelques rougets, mais il n'y en a pas eu beaucoup. Il y en a deux gros et les autres sont petits. " Alors comme il y avait notre partenaire féminine qui déjeunait au même restaurant, Raimu prend Vinaigre à part et lui dit : “ Mets les deux gros rougets de côté parce qu’avec la mignonne, tu comprends, par galanterie, il faudra les lui donner. Elle mangera les petits. ” Et comme j’étais à la même table qu’elle, eh bien, moi aussi, j’ai mangé les petits! »

A propos du caractère de Raimu, Vincent Scotto, relata aussi cette histoire :

« On a dit qu’il n’était pas généreux. Je voudrais effacer cette légende. Je l’ai vu héberger chez lui pendant plus d’un an un artiste marseillais. Et, comme remerciement, cet homme que je rencontrais quelques années après et à qui je rappelais la gentillesse de Raimu m’a répondu : “ Vous avez raison, monsieur Scotto, mais il ne m’aurait jamais donné un peu d’argent de poche! ” »

Survient la Seconde Guerre mondiale. La France est occupée. Les Allemands fondent une société de production de cinéma : La Continentale. Ils veulent engager les meilleurs réalisateurs et les acteurs qui ont du succès pour monopoliser le cinéma français. Raimu, qui n’échappe pas à la règle, se réfugie chez Roger Richebé.

« Il est venu me voir en me disant : “ Les Allemands veulent m’engager, je leur ai répondu que j’avais un contrat d’exclusivité de deux ans avec vous pour trois films. Il faut que nous signons. ” »

Tourner trois films sous l’Occupation pour un producteur indépendant n’est pas chose facile. Richebé propose alors à deux confrères, Harisparu et O’Connel, de partager le contrat. Raimu évite La Continentale. *Le Colonel Chabert, Le Bienfaiteur* et *Monsieur La Souris* seront les trois films qu'il interprétera pour honorer cet engagement.

Mais la guerre dure plus longtemps que le contrat. Jules doit se résigner à travailler pour La Continentale.

Sa famille s'est réfugiée dans sa maison du Midi, à Bandol.

« Il avait terriblement peur de la guerre. Il avait peur pour lui et pour les siens », confie sa fille Paulette.

En 1944, les Raimu rejoignent leur appartement parisien près des Champs-Élysées. Le conflit vit sa phase de libération, mais les bombardements sont encore fréquents. Pendant les alertes, Jules et sa famille descendent à la cave pour se protéger.

« Cela créait des situations cocasses. Papa prenait un gros sac et y enfournait les bijoux, les clefs du coffre, les carnets de chèques. Puis il ordonnait à chacun d'enfiler l'un des manteaux de fourrure de maman. Toute la famille, y compris la cuisinière, déambulait dans les caves dans cet accoutrement. »

Raimu a également découvert que les sous-sols de son immeuble et de sa banque communiquent. Alors, prévoyant le cas où une bombe détruirait son appartement et qu'il serait bloqué plusieurs jours dans les caves, il a déposé dans le coffre de sa banque tout ce qu'il lui faut pour s'habiller : chaussures, chemises, costumes, chapeaux, cravates...

« Papa se disait : " Comme cela, quand je sors, je m'habille. Je ne vais tout de même pas sortir avec des vêtements froissés et le manteau de fourrure de ma femme sur le dos. " »

1946, Raimu se voit offrir une récompense dont n'aurait pas osé rêver le petit comique troupier de l'Alhambra de Marseille. Il est invité à entrer à la Comédie-Française. Peu de temps après, son ami Marcel est élu à l'Académie française.

« Pagnol est venu lui annoncer la nouvelle à la clinique où il venait d'être opéré d'une jambe cassée. Papa en a pleuré. Les larmes lui coulaient sur le visage quand il a dit à Marcel : " Alors c'est vrai, tu vas avoir le sabre et le chapeau d'encaisseur? " »

L'écrivain, ému, promet à son ami qu'il sera à ses côtés ce jour-là.

« C'est grâce à toi si je suis aussi célèbre. »

Raimu sourit. Sa jambe brisée dans un accident de voiture lui interdit tout déplacement pendant plusieurs semaines.

Jules entre peu après en convalescence. Son état lui permet d'envisager de recommencer à travailler quand une complication de sa blessure exige une opération. Il ne se réveillera pas. Une syncope, l'emporte le 20 septembre 1946.

Avec lui, c'est un peu du soleil du Midi qui disparaît.

ARLETTY

EN 1898, À LA NAISSANCE D'ARLETTY, LA FAMILLE Bathiat habite un petit rez-de-chaussée sur cour sans soleil et sans confort.

« Il n'était éclairé que par le sourire de mes parents », dit Arletty.

Des parents orginaires d'Auvergne. Le père de Léonie – la future Arletty – a fait son service militaire à Versailles puis est resté dans la région parisienne : à Courbevoie. Il travaille dans une usine comme ajusteur. Sa femme élève la « petite », tient la maison, elle est lingère.

Arletty suit sa mère quand elle va laver le linge au bord de la Seine. La surface de l'eau est son premier miroir. Elle y contemple ses deux grands yeux noirs en train de découvrir la vie et son visage un peu grave, sans cesse badigeonné par deux couettes brunes et indociles.

Mme Bathiat aime flâner dans Courbevoie avec sa fille. Elles passent souvent près du débarcadère devant la caserne des Mariniers. Un site historique d'où sont partis les grognards de l'Empereur pour Moscou, là où Alfred de Vigny fit ses classes d'officier. Des faits et des souvenirs de l'Histoire qui n'impressionnent pas la jeune Arletty. Ça l'amuse plutôt de voir ces hommes empanachés jouer aux petits soldats.

« Jamais, je n'ai pu comprendre les gens qui allaient voir des défilés, voir passer des reines ou des Présidents quand il y a des choses si merveilleuses à regarder : des arbres, des bateaux. Aller contempler une calèche, c'est ridicule! »

Les promenades des deux femmes se terminent toujours place de la Défense au pied du monument aux morts. Là, Mme Bathiat bavarde avec les anciens combattants, de vieux messieurs rescapés de la guerre de 1870. Arletty est impressionnée par tous ces unijambistes, ces borgnes, ces manchots.

« Ce sont des invalides, lui dit sa mère. Je veux que tu sois toujours gentille avec eux. Ils ont droit à notre respect. »

« Les invalides, avouera plus tard Arletty, j'ai cru longtemps que c'était une race. »

Pour un sou d'argent de poche, la petite Bathiat propose de faire les commissions pour tout le quartier. Le patron du tabac lui prête son tabouret pour l'aider à choisir les Ninas de son père. Chez le boucher, elle trouve plus distingué de demander un pot-au-feu dans le pantalon plutôt que dans la culotte.

« Ce qui est extraordinaire chez Arlette, commenta Bernard Blier, c'est sa noblesse qui cohabite avec son sens farouchement populaire. On retrouve tout cela dans son allure et dans sa façon de s'exprimer en choisissant le mot rare. »

La nuit, dans certains quartiers de Courbevoie, la

rue appartient aux dames de petite vertu et à leurs protecteurs. Arletty entend à ce sujet des commentaires dans lesquels le mot « maquereau » revient souvent. Elle en demande à sa mère la signification. Un moment embarrassé, Mme Bathiat finit par répondre :

« C'est un monsieur qui reçoit de l'argent des femmes. »

Pour Arletty, l'explication est très claire. À chaque fois qu'elle voit arriver chez elle le marchand de journaux pour se faire régler les abonnements de la semaine, elle crie :

« Maman, voilà ton maquereau! »

Noël 1902. Arletty regarde son père découper soigneusement une grande feuille de carton blanc. Il dessine dessus un sapin en ayant soin de peindre moult boules et guirlandes de toutes les couleurs. L'actrice, qui aura par la suite l'occasion de vivre dans le luxe et de somptueux décors, s'en souviendra comme du plus beau Noël de sa vie.

Enfant très nerveuse, Arletty est un jour prise de convulsions. Le médecin de famille conseille un changement d'air. Elle part pour l'Auvergne chez un oncle aumônier dans un pensionnat de jeunes filles. Elle apprend à lire, à écrire et passe son certificat d'études.

« Le certificat, je n'en suis pas sûre, mais, malgré tout, je l'affirme », dit-elle à ceux qui l'interrogeront sur ses études.

De l'étude du calcul et de la composition française, Arletty passe ensuite à la découverte de la nature. Elle est prise en charge par sa grand-mère, chez qui elle apprend à pêcher à la ligne, à filer le lin et où elle regarde faire le pain. Quand elle revient chez ses parents, elle ne retrouve plus le petit appartement de Courbevoie. Les Bathiat ont déménagé. Ils habitent maintenant Puteaux. Son père a droit à un logement de fonction. Il est entré comme chef d'équipe à la compagnie des tramways de Paris.

« Je suis née à Courbevoie et j'ai été élevée à Puteaux. C'est très chic! »

A l'époque, Puteaux ressemble encore un peu à la campagne. Au coin de la rue où habitent les Bathiat, il y a une ferme. Arletty va y chercher des œufs, du lait, des poulets ou des lapins. En face, on trouve la guinguette du quai National que fréquente l'ouvrier parisien pour le bal du samedi soir.

1907, les premières grèves, Paris sans électricité, la troupe qui tire sur la foule à Draveil et à Villeneuve-Saint-Georges. Son père prend parti pour les grévistes.

1910, le niveau de la Seine passe les berges, emplit les maisons. Tout le monde voyage en bateau en prenant soin d'éviter les meubles et les cadavres des animaux qui flottent à la dérive. Arletty a douze ans.

1911, une petite révolution dans la mode. Poiret, le couturier de génie de la Belle Époque lance la jupe-culotte. Arletty se souvient.

« C'était un grand artiste, un monsieur qui a délivré la femme du corset, qui a changé la silhouette des Parisiennes. Il a donné de l'élan à mille choses. Poiret, c'est la France! »

Dans les rues, les tramways font de la réclame avec les vedettes du Tout-Paris. Mistinguett vante aux voyageurs de première classe les qualités d'un savon ou d'une crème miracle. Arletty découvre le cinéma. Elle aime le comique burlesque de Max Linder, les aventures de *Fantomas*, la tragédie des *Misérables*.

1914, le 28 juin, le meurtre de l'archiduc d'Autriche précipite le monde dans la Première Guerre mondiale. Le 31 juillet, Jaurès est assassiné. Le 15 août, la guerre tue le premier grand amour d'Arletty. Elle l'avait rencontré un dimanche sur la pelouse de Longchamp. Elle a tout de suite aimé ses yeux bleus. Alors, elle l'a surnommé « Ciel ». Ciel, c'est parti comme un cri du cœur, comme un cri qu'elle a poussé malgré elle quand elle a appris sa mort.

« J'ai décidé que je ne me marierai jamais, que je n'aurai jamais d'enfants. Pourquoi faire une veuve de guerre ou une mère de soldat? »

Le père Bathiat est mobilisé au dépôt de la compagnie des tramways. Un soir de 1916, des hommes le ramènent sur une civière. Victime d'un accident de travail, il meurt au cours de son transfert à l'hôpital. Le frère d'Arletty s'est engagé pour venger la mort d'un copain, tué le premier jour de la guerre. Deux fois blessé, il remonte au front pour continuer à se battre.

Arletty cherche du travail. Il lui faut d'abord apprendre un métier. Elle s'inscrit chez Pigier pour prendre des cours de dactylo. Pour s'entraîner, elle va souvent à la Chambre des députés et s'amuse à prendre les discours en sténo. Sa dextérité lui permet de trouver facilement du travail. Mais elle change souvent d'employeur car elle ne supporte pas la moindre réflexion.

Dans la rue, les passants remarquent sa jolie silhouette. Elle a la taille fine et un port de reine. Michel Galabru, qui tourna avec elle bien des années plus tard, se souvient avec émotion de l'allure d'Arletty.

« C'était une très belle femme. On changeait de costumes dans une grande pièce et, un peu indiscret, j'avoue avoir jeté un coup d'œil sur elle à ce moment-là. Elle avait un corps à faire rêver un jeune homme. »

Les couturiers parisiens, séduits par cette fille à la taille fine et légère, l'engagent pour présenter leurs collections.

« J'ai travailler chez Poiret. J'ai été mannequin dans plusieurs maisons, mais jamais bien longtemps. Je voulais faire plusieurs métiers. Mon idée, c'était de rouler ma bosse. »

11 novembre 1918, les maisons se sont vidées d'un seul coup. Tout le monde est dans la rue, s'embrasse et pousse des cris de joie. C'est l'armistice. Arletty a vingt ans. Elle flâne sur les Grands Boulevards. Un homme élégant s'approche d'elle, se présente : Paul Guillaume.

Jeune marchand du faubourg Saint-Honoré, Paul Guillaume expose des peintres qui vont marquer leur siècle : Giorgio de Chirico, André Derain, Modigliani... Ami de Van Dongen et des artistes de l'époque, son influence est grande dans les salons parisiens.

« Voulez-vous poser pour des peintres célèbres? » demande-t-il à la jeune fille.

Arletty refuse. Peut-être encore trop pudique pour

se retrouver nue devant les yeux d'un homme? Alors Guillaume lui parle de théâtre.

« Ça, je veux bien », répond-elle avec un sourire d'envie.

Le marchand de tableaux lui remet une recommandation pour le directeur du théâtre des Capucines.

« Voilà à quoi tient une carrière, dira-t-elle... À un trottoir! »

Quand elle débute sur les planches, la môme de Courbevoie ne s'appelle encore qu'Arlette. C'est le prénom de mannequin que les couturiers lui ont donné. André Berthez, le directeur des Capucines lui demande sous qu'elle nom elle veut être présentée au public.

« Victoire de la Marne! » répond-elle.

Plus modestement, Berthez lui propose de changer la dernière syllabe d'Arlette. Voilà comment Léonie Bathiat devient Arletty en 1918.

« A vingt ans, j'étais insouciante. Je n'étais pas amoureuse, mais j'attendais le bonheur. Je n'avais rien et je ne pensais pas à l'avenir. C'était aussi le sentiment des jeunes de l'époque. »

Après des emplois de secrétaire, de mannequin, de girl de revue, la voilà au théâtre, où Arletty est une *oseille* : une petite femme de revue qui chante avec une voix haut perchée. Un emploi de l'époque qui permet à de nombreux artistes de faire leurs débuts. Elle commence donc comme actrice comique.

« Je ne pensais pas faire carrière sur scène. Mais, au bout d'un an, j'ai senti que ce métier m'intéressait. Je me suis dit : " C'est là que je vais rester. " »

Elle reste en gravissant très vite les échelons un à un. Tous les soirs à la porte du théâtre, un homme l'attend dans un taxi. C'est Tigre de Régnier, le fils d'Henri de Régnier et le petit-fils de José Maria de Heredia. Avec Tigre, Arletty découvre la vie parisienne. Elle retrouve au bar des Capucines les célébrités en vogue : le couturier Paul Poiret, l'actrice Spinelly, le grand Raimu. Au hasard des boîtes de nuit, elle rencontre le poète Léon-Paul Fargue. Elle dîne avec l'Agha Khān, et Mistinguett lui donne des conseils :

« Ne mets jamais de chaussures plates, ça descend le derrière! »

La jeune artiste des faubourg commence à se faire un nom parmi les artistes de revues. Elle retient l'attention de tous ceux qui viennent voir le spectacle de Rip aux Capucines. Au théâtre Antoine, le directeur cherche une fille drôle, pas trop connue, et originale pour monter une pièce de Feydeau. Il découvre Arletty qu'il met dans les mains de celle qui sera la vedette de la pièce, Lucienne Givry, pour la former à la comédie.

« J'ai pris mon Arletty, qui était un amour, une fille adorable, mais qui ne savait pas jouer. Je lui ai appris le rôle mot à mot en lui indiquant tout ce qu'il fallait faire. »

Après le théâtre, Arletty s'initie au cabaret. Elle chante chez Fysher, l'un des endroits les plus recherchés de la capitale par les grands de ce monde des Années folles. On y rencontre souvent des têtes couronnées et les membres des familles royales de toute l'Europe, ce qui fait dire à notre oseille un soir au moment d'entrer en scène :

« Mais, c'est la foire du Trône! »

« Ce qu'il y a de particulier dans le talent d'Arletty, dira Jean-louis Barrault, c'est qu'elle rit, elle gouaille. Elle nous regarde avec un air qui en a deux et elle joue de cette dualité. Elle a l'air de s'amuser. Elle a l'air de se moquer et, en réalité, comme nous tous, elle souffre, elle est sensible, elle reçoit, elle est écorchée, et c'est ce qui fait, je crois, la source de son grand talent. »

Cabaret, théâtre, music-hall, Arletty continue sa jeune carrière. Un soir, pendant l'entracte, le concierge du théâtre lui apporte un billet dans sa loge. Sa mère est malade. Les deux femmes ne se sont pas vues depuis des années, depuis le jour où la fille a voulu prendre son indépendance pour aller vivre avec un garçon. Mme Bathiat s'est fâchée. Personne n'a cédé. Ce soir, tout est oublié. Arletty saute dans un taxi. La représentation est finie. Elle court au chevet de sa mère, qu'elle retrouve là où elle l'avait laissée : dans une petite chambre de banlieue. Mais, aujourd'hui, Mme Bathiat n'est plus qu'un regard qui s'accroche au visage de sa fille et une voix transparente qui lui confie dans un dernier souffle :

« Je n'ai jamais cessé de t'aimer. »

À vingt-sept ans, la fille de Courbevoie a essuyé les rigueurs de la vie. Elle en goûte aussi les bonheurs. On la voit fréquenter de grands acteurs et des auteurs célèbres. Par exemple, Pagnol l'invite chez lui dans le Midi. Pendant que Marcel écrit *Marius*, elle flâne au soleil dans les garrigues et en profite pour se cultiver.

« Je dois tout à la lecture, à l'observation de la vie et à mes insomnies. J'ai toujours dormi très peu, pas plus de cinq heures. Dès que je me réveillais, tout de suite, je lisais, je travaillais. »

Arletty participe aussi aux expériences de Pagnol inventeur. Elle lui sert de cobaye, un rôle parfois dangereux, comme le jour où, pour mettre au point un canot de sauvetage révolutionnaire, Marcel la jette à l'eau comme une naufragée. Or la petite vedette des Boulevards ne sait pas nager, et l'invention de son ami ne fonctionne pas comme prévu. Elle ne doit son salut qu'à l'intervention des pompiers.

Noël 1928, fin de réveillon aux Halles. Arletty accompagne une bande d'amis dans les dédales d'un folklore aujoud'hui disparu : joyeux drilles éméchés devenus pour une heure seigneurs de la rue, fausses engueulades de mandataires au bistrot, belles de nuit qui racolent sans désir, Arletty se sent Paname dans le ventre de Paris. Un garçon s'approche d'elle à cheval sur un percheron qu'il a emprunté à un maraîcher de la rue Quincampoix. Elle laisse échapper de son joli sourire une cascade de rires qui ravit les passants. Le jeune homme a l'air d'un prince Charmant égaré dans les fruits et légumes. Son cœur se défait. Elle tombe amoureuse.

Il s'appelle Jean-Pierre Dubost. Ses parents font partie des grandes familles de la IIIe République. Le grand-oncle a été président du Sénat. Le grand-père a fondé le métropolitain avec l'ingénieur Empain. Le père est agent de change, et le fils... aime une artiste. Jamais il n'héritera de la charge paternelle. Mais Arletty confiera plus tard à ses amis les plus proches :

« Avec lui, j'ai passé dix années très heureuses. »

Les premières semaines de 1929 s'annoncent comme de beaux jours pour l'actrice. Elle remporte de plus en plus de succès au théâtre et mène une vie de star : voiture de luxe, cabarets à la mode, charme de la vie parisienne. Mais 1929 va bientôt montrer son vrai visage : Celui d'une année noire. Le krach de Wall Street, la crise économique qui déferle sur l'Europe, les riches ne sont plus forcément riches, les pauvres deviennent misérables. Dans le domaine du spectacle, les revues de music-hall à grand spectacle ne correspondent plus au contexte économique. Leurs places sont trop chères. Le public préfère les opérettes, plus accessibles financièrement. Arletty triomphe dans *Azor* aux Bouffes-Parisiens.

1930, le cinéma muet disparaît au profit du parlant.

« Je n'ai pas fait de muet. J'aurais pu. C'était ma génération, mais ça ne me tentait pas. Ma carrière au cinéma a commencé avec le parlant. »

Dans son premier film, Arletty joue le rôle d'une dactylo. Elle considère son expérience comme un test. Quand vient le moment de voir ce qu'elle a fait, elle s'écrie :

« On ne reprendra jamais cette fille-là. Elle est trop mauvaise! »

Non seulement, on va la reprendre, mais elle va commencer tout de suite une véritable carrière cinématographique qu'elle considérera avec une pointe de dédain comme un bon moyen de se faire de l'argent de poche.

« Je l'ai connue quand j'étais assistant de Jacques Feyder, raconta Marcel Carné. Feyder l'avait engagée pour un tout petit rôle : deux scènes dans un film qui s'appelait *Pension Mimosas* et où elle jouait un parachutiste! »

« C'est dans ce film que j'ai rencontré Roger Hubert, un de ces opérateurs extraordinaires qui aurait donné de la beauté à une potiche », se souvient avec émotion Arletty.

Le cinéma pour la demoiselle de Courbevoie, c'est aussi une charmante rencontre : celle de Sacha Guitry. Guitry est lié à un souvenir de jeunesse dans la mémoire d'Arletty. Elle se rappelle l'avoir vu souvent passer devant chez elle dans une somptueuse calèche accompagné de Sarah Bernhardt.

« C'était une femme curieuse. On a dit que c'était un génie. Je pense qu'elle ne devait pas être bête pour imposer l'accoutrement dans lequel elle se promenait. Du matin au soir, elle portait un manteau de chinchilla, des chapeaux invraisemblables et toujours des bouquets de violettes autour d'elle. Fallait pas être bête pour imposer tout ça, fallait pas avoir un grelot dans sa tête! »

Avec Sacha, Arletty tourne *Faisons un rêve* en compagnie de Raimu, de Michel Simon et de Jacqueline Delubac.

« Je ne faisais qu'une figuration, mais ensuite Guitry m'a confié le rôle de la reine d'Éthiopie dans *Les Perles de la couronne*. Il m'avait mise sous un palanquin à demi nue sur des peaux de bête avec un boa autour du cou. Je me suis bien amusée. »

Entre le maître et la reine naît une profonde amitié. Paris chuchote même qu'il l'aurait demandée en mariage.

« Non, l'amitié suffisait. Il a eu cinq femmes et il a certainement fait plus de dix demandes en mariage. Alors j'aurais été la onzième peut-être. Il n'y a pas de quoi se vanter! »

Dans ces films, Arletty se distingue par sa verve et son dynamisme tonitruant. Elle a déjà trouvé sa voix, incarnant des personnages populaires dénués de toute vulgarité.

Septembre 1938. L'Europe n'ose plus bouger. Elle retient son souffle en attendant l'issue de la conférence de Munich. Daladier, Chamberlain, Hitler et Mussolini sont en pleine négociation. Les uns cherchent à sauver la paix, les autres préparent la guerre. La guerre? La paix? En attendant le verdict, tout vit au ralenti. Au cinéma comme ailleurs, on ne travaille presque plus. Marcel Carné a cessé le tournage d'*Hôtel du Nord*. Arletty a quarante ans. C'est seulement maintenant qu'elle va devenir une très grande vedette.

« C'est la paix! » déclarent les représentants de la France et de la Grande-Bretagne.

La vie reprend. Carné peut continuer *Hôtel du Nord* avec Annabella et Jean-Pierre Aumont en vedette. Arletty et Jouvet ne sont dans la distribution que pour pigmenter l'action. Il n'est prévu que six jours de tournage pour « atmosphère, atmosphère » et quelques scènes secondaires dans lesquelles on va suivre le couple infernal de Mme Raymonde et M. Edmond.

Arletty est Raymonde, une prostituée du canal Saint-Martin. Louis Jouvet incarne M. Edmond, qui vit avec Raymonde à l'Hôtel du Nord. Plus exactement, c'est elle qui le fait vivre.

« Ces deux personnages sont un peu fantaisistes, explique Marcel Carné. Il n'y a pas de prostituées aussi drôles et spirituelles que le personnage d'Arletty, ni même que celui de Jouvet. Ils sont un peu en dehors de la vie. »

Mme Raymonde porte une robe « Zip » créée par le couturier Louis Bonin. Son sac a été dessiné par Schiaparelli et ses chaussures viennent de chez Perugia, le plus grand bottier d'avant-guerre.

« Imaginez, une poule qui fait quatre-vingts passes par jour avec des chaussures de Perugia, c'est déjà inattendu! », commentera Arletty.

Le metteur en scène d'*Hôtel du Nord* se souvient d'une réplique difficile à passer.

« Je la trouvais très arbitraire. Je ne l'aimais pas beaucoup et je l'aurais coupée si Arletty ne l'avait pas fait passer avec une telle gouaille qu'elle est devenue l'une des plus célèbres répliques du cinéma français : " Atmosphère!... atmosphère!... Est-ce que j'ai une gueule d'atmosphère? " »

Son accent parigot s'impose définitivement.

A la sortie d'*Hôtel du Nord*, à la fin de 1938, Arletty découvre la gloire. Sa voix s'installe dans le cœur des Français et ses reparties gagnent les suffrages de tous les publics. Elle entre dans l'histoire du cinéma. Puis elle retrouve très vite Marcel Carné pour tourner *Le jour se lève.* Jean Gabin est son partenaire.

Gabin... Elle se souvient de son premier succès au lendemain de la sortie du film *Paris frou-frou.* En une journée, il est devenu célèbre.

« Ses yeux bleus grand teint ont fait sa fortune, dit Arletty. Il était plus jeune que moi. On avait une dizaine d'années de différence. Mais, entre nous, ça a *matché* comme s'il avait été un gosse de Puteaux. On était en pays connu, on aurait pu fréquenter les mêmes banlieues. »

Dans le même *Paris frou-frou*, un autre acteur prenait le départ d'une longue carrière : Fernandel. Commentaire d'Arletty :

« Avec sa gueule chevaline, il était sûr d'être à l'arrivée. »

Henri Jeanson avait écrit les dialogues d'*Hôtel du Nord.* Jacques Prévert se charge de ceux du *Jour se lève.* Alexandre Trauner, décorateur du film et ami de Prévert se souvient de l'auteur de *Paroles* comme d'un poète malgré lui.

« Il écrivait ses poèmes et, après, il les laissait n'importe où. Il ne cherchait pas à les garder ou à les faire éditer. Il a fallu qu'un ami les ramasse, les rassemble et les propose à une maison d'édition pour que paraisse *Paroles*, le premier volume de poèmes de Jacques. Chez lui, tout était simple et limpide. Vous pouviez lire un scénario de Prévert comme une nouvelle. C'était d'une précision telle qu'on ne pouvait pas changer un mot pour un autre. »

Rencontrer celle qui a tout fait pour donner un brin supplémentaire d'atmosphère au cinéma français est pour un poète une aubaine. Arletty, quand on la voit, c'est déjà un personnage. Sa vie est couverte de répliques et de bons mots. Elle fait naturellement partie de l'univers des poètes. Prévert pourrait croire qu'elle est l'incarnation de l'un de ses vers.

« C'était pour Prévert un personnage authentique, un petit prolo comme il aimait les peindre, rappellera Raymond Bussières. Et, en plus, Arlette, elle était belle, un corps bien foutu. Il fallait la voir à poil dans *Le Jour se lève*. Ça ne la gênait pas du tout. Elle ne faisait pas de complications. Elle était bien dans sa tête. »

Des complications, c'est la censure qui va en faire quelques mois après la sortie du film. Pendant la guerre, on coupera la scène du nu. Le sourire d'Arletty à Gabin apparaissant nue sous la douche avec une éponge en guise de feuille de vigne déplaira aux autorités chargées de la morale de l'époque.

Mars 1939, *Fric-Frac*, l'œuvre célèbre d'Édouard Bourdet devient un film. Arletty et Michel Simon reprennent leurs rôles au cinéma. On retrouve l'actrice dans le personnage de Loulou, la fille du milieu dont Marcel, employé de bijouterie, est amoureux. Marcel, c'est Fernandel. Quant à Michel Simon, il reprend le personnage de Jo les bras coupés, un voleur paresseux et un peu lâche. Arletty garde un souvenir un peu triste du tournage de *Fric-Frac*. Sur le plateau, Fernandel et Michel Simon ne s'entendent pas. Ils se disputent à propos de n'importe quoi. La dernière scène enregistrée, ils se séparent pour toujours professionnellement. On ne les reverra plus jamais ensemble dans un film.

Mai 1939, Arletty tourne *Tempête* avec Erich von Stroheim. Lorsque le film sort en avril 1940, on retire le nom de Stroheim sur l'affiche parce qu'on pense qu'il est juif. Quelques années plus tard, à la Libération, quand le film sera relancé, on supprimera le nom d'Arletty. Une délicate attention qui lui fera dire :

« Ce n'est pourtant pas moi qui ai déclaré la guerre! »

Von Stroheim reste un souvenir cocasse dans la mémoire d'Arletty. L'acteur est à ce moment de sa vie réfugié en France après avoir été l'un des plus grands réalisateurs du cinéma muet à Hollywood. Il aime jouer les rôles de composition qu'il peut travailler sur lui-même comme le ferait un metteur en scène. Sa partenaire dans *Tempête* en parlera avec un air amusé :

« C'était un type qui s'était composé des personnages : des tordus avec des corsets. Ça m'épatait quelqu'un qui pouvait jouer avec des faux cols et des machins. C'était insensé. Et alors, dans *Tempête*, il avait exigé par contrat qu'on lui apporte régulièrement des tasses de café qu'il remplissait de whisky. Je me souviens aussi qu'il y avait une cabine téléphonique près du plateau. Von Stroheim s'en servait tout le temps pour appeler sa voyante en Suisse. Il entrait là-dedans comme un officier, il s'enfermait et il claquait les talons quand il avait sa correspondante. Il l'appelait tout le temps. Il devait lui demander ce qu'il devait faire dans le film. Et l'autre devait lui répondre : “ Eh bien, faites donc comme dans *La Grande Illusion.* ” »

3 septembre 1939, la France est en guerre. Arletty est sollicitée comme beaucoup d'artistes pour être marraine de guerre. À ce titre, elle réconforte une troupe de jeunes officiers de Marine. Puis, elle décide d'arrêter de travailler quelque temps. C'est sa façon de combattre la guerre. Ele ne veut faire ni théâtre ni cinéma. Pour respecter son serment, elle se sent prête à dilapider la totalité de ses cachets de vedette gagnés en 1939.

« Une femme soldat, dit-elle, pour moi, c'est un troisième sexe. »

Mais le cinéma ne va pas la lâcher aussi facilement. Elle est l'une des plus grosses têtes d'affiche de l'époque. Les producteurs tiennent à la garder sur leurs génériques. On ne rompt pas un contrat. Elle va devoir finir un film commencé avant la guerre : *Madame Sans-Gêne.*

Un matin de juin 1941, au château de Grosbois, les scènes qui s'y déroulent ont l'air insolites, voire anachroniques. Un groupe d'officiers d'aviation en uniforme vert-de-gris croise une bande de hussards striés de brandebourgs dorés. La grosse Mercedes décapotable d'un général nazi double le carrosse de campagne de Napoléon. À Grosbois, l'Empire et le Reich se rencontrent. Habituellement, le château est occupé par l'état-major allemand. Mais, aujourd'hui, exceptionnellement, on accepte des étrangers : les acteurs et l'équipe technique de *Madame Sans-Gêne*, le premier grand film français en couleurs. Un tournage qui a failli ne jamais avoir lieu si Arletty ne s'en était pas mêlée.

Roger Richebé, producteur et metteur en scène de *Madame Sans-Gêne*, a commencé son film au cours de l'été 1939. Puis la guerre est arrivée, tout s'est arrêté, les studios ont été occupés. Tout ce qui pouvait brûler a servi de combustible pour chauffer les soldats. Il ne reste plus rien des décors de *Madame Sans-gêne*.

Quand la production est autorisée à reprendre, le décor naturel s'impose. Voilà pourquoi ce matin des dizaines de calèches, de chevaux, de figurants, d'acteurs, de techniciens ont envahi le château. La production a organisé un déploiement de forces considérables compte tenu de la période difficile et de la durée du tournage qui ne doit pas dépasser la journée. Des autorisations spéciales ont été demandées et accordées. Le producteur les attend. Richebé s'impatiente tandis que les officiers de l'occupant tardent et rechignent à signer. Cinéastes et militaires vont au conflit. La situation est grave pour le film. Arletty entre en scène. Elle va plaider la cause de l'équipe auprès de l'officier allemand dont dépend l'autorisation. Elle réussit à le convaincre. Le film peut être terminé. Mais pour l'actrice commence une affaire qui va s'achever sans circonstances atténuantes au moment des règlements de comptes de la Libération. Amoureuse d'un officier allemand, elle paiera sa passion au prix de la collaboration. Femme trop libre pour imposer des frontières à ses désirs et à son cœur, elle suivra toujours son instinct. Comme lorsqu'elle a découvert *Le Voyage au bout de la nuit*, Louis-Ferdinand Céline est devenu un ami. Pour elle, ses opinions antisémites sont restées lettres mortes.

« Ah mais, pour moi, la sortie du *Voyage*, c'est le coup du siècle! Céline, au fond, il était médecin. On ne le regardait pas en écrivain quand on était près de lui. Il avait le don de vous déshabiller, de vous regarder comme vous étiez. Il voyait les gens comme dans *Le Voyage*. Il faisait un diagnostic. »

Bref, tout cela lui vaut deux ans de résidence surveillée, en quelque sorte, en province.

1942, un tournant décisif dans la carrière d'Arletty. Pour la première fois, on ne lui propose pas de jouer un personnage truculent, haut en couleur. Marcel Carné lui offre le rôle de Dominique, l'envoyée du diable dans *Les Visiteurs du soir*. Il s'agit d'un film dramatique ayant pour décor un château étrange, brillant et plein de vie comme il en existait au Moyen Age. L'actrice écrira dans ses Mémoires n'avoir aimé qu'un seul château dans sa vie : celui des *Visiteurs du soir*. Elle a pour principaux partenaires Jules Berry et Alain Cuny, qui déclarera ne pas avoir été troublé par la beauté d'Arletty.

« Je n'en suis pas du tout fier d'ailleurs. Non, je la trouvais fine. Et puis ces belles cuisses, ces belles fesses, ces reins délicats, sa jolie taille, les genoux, tout cela était exquis. Mais je dois reconnaître peu glorieusement que je n'ai pas été excité. »

1943, le théâtre des Bouffes-Parisiens affiche le nom d'Arletty en vedette dans la pièce de Marcel Achard *Voulez-vous jouer avec Moâ*? Pierre Brasseur a signé la mise en scène et Georges Van Parys la musique sur des couplets d'Albert Willemetz, l'auteur d'innombrables opérettes et chansons que tout Paris fredonne. Mais l'événement de 1943 qui deviendra le phare de la carrière d'Arletty ne viendra pas de son succès au théâtre, mais de sa réputation de grande actrice de cinéma. Marcel Carné et Jacques Prévert ont un projet : *Les Enfants du paradis*.

« On a tourné à Nice pendant la guerre, un peu plus d'un mois et puis les Américains ont débarqué en Sicile, raconte Marcel Carné. Alors, le gouvernement de Vichy a pris peur et nous a ordonné de rentrer. Nous étions en train de filmer des scènes dans le boulevard du Crime. Je craignais que le film ne soit pas repris. J'ai demandé l'autorisation de finir les séquences du boulevard. Ils ont refusé. »

Les faits ne confirment pas les craintes de Carné. Le tournage des *Enfants du paradis* reprend à Paris quelques mois plus tard, mais les conditions sont plus difficiles. Certains membres de l'équipe doivent se cacher pour travailler. Le syndicat des Acteurs impose ses figurants. Les résistants doivent rester le plus discret possible. Joseph Cosma écrit la musique des pantomimes sous un faux nom. Alexandre Trauner bâtit ses décors dans la clandestinité. Seul, Prévert continue de faire des pieds de nez à l'ennemi, comme un poète faussement inconscient.

« J'ai vu Jacques pendant la guerre être sollicité par les producteurs de La Continentale, la grande compagnie allemande de cinéma. Ils sont venus le voir pour lui dire : " Monsieur Prévert, nous voulons vous engager pour faire le plus grand film que l'industrie cinématographique ait jamais produit. Nous en avons *les* moyens. " Et Jacques leur a répondu : " Non, vous ne pourrez pas. – Pourquoi? – Parce que vous n'avez pas les Juifs avec vous! " »

Les Enfants du paradis réunissent une distribution exceptionnelle : Pierre Brasseur, Pierre Renoir, Marcel Herrand, Maria Casarès, Jean-Louis Barrault...,

Arletty. Jacques Prévert a écrit pour tous ces acteurs des rôles faits pour eux.

« Prévert n'écrivait que sur mesure, explique Raymond Bussières. Dès qu'il pensait à une histoire, il en parlait avec le metteur en scène et un producteur. Puis, quand ils décidaient de faire le film, Jacques disait : " Prenons tel acteur, telle actrice. " A partir de ce moment-là, il savait pour qui il allait écrire le scénario et les dialogues. Il écrivait vraiment sur mesure. »

« Jamais, ni Prévert ni moi, nous n'avons laissé les acteurs participer aux dialogues, ajoute Marcel Carné. Nous remettions à chacun un script découpé plan par plan avant le tournage. Il arrivait qu'un comédien soit gêné par une réplique. Nous en tenions compte ou pas, mais jamais ni Gabin ni personne n'a participé à l'écriture du film. »

Le tournage des *Enfants du paradis* s'achève lentement, très lentement. Marcel Carné veut faire traîner la production. Il s'attarde sur le moindre détail. Secrètement, il espère que *Les Enfants du paradis* ne sortiront qu'après la fin de la guerre. Ce serait alors le premier grand film a être présenté au public à la Libération.

« A huit jours près, je n'y suis pas arrivé », confie Carné avec une pointe d'amertume.

« J'ai été arrêtée dès que *Les Enfants du paradis* sont sortis », ajoute Arletty.

Fin de la guerre, la Libération, les règlements de comptes. Sacha Guitry est arrêté chez lui. On l'emmène en pyjama Lanvin décoré de grosses fleurs de pommiers avec un panama sur la tête. Arletty est une amie du maître. Elle conversait avec lui au téléphone quand on est venu le chercher dans son salon. Elle sait que son tour est proche. Elle se retrouve « la femme la plus évitée après avoir été la plus invitée », écrit-elle dans ses Mémoires. On lui reproche d'avoir été reçue à l'ambassade d'Allemagne et surtout cette liaison avec l'officier de Grosbois.

« Je crois qu'on peut vivre dans la vie des moments où l'on est atteint par un véritable amour qui n'est pas reconnu par les autres ou pas admis par les autres, dira Jean-Louis Barrault. Mais, si on aime sincèrement comme ce fut je crois le cas d'Arletty, il y a vraiment des circonstances atténuantes. La société ferait bien de réfléchir à la sincérité des sentiments. On est innocent quand on est sincère. Les animaux sont innocents, la nature est innocente, la vie est innocente. Ce sont les hommes qui suppriment l'innocence en inventant le bien et le mal. Le bien et le mal qui leur conviennent. Ils inventent leur morale à laquelle il faut nous plier. À ce moment-là, ils tuent notre innocence. C'est pourquoi je revendique l'état d'innocence parce que j'entends faire ce que je ressens. Le seul parti auquel j'adhère, c'est le parti de la vie. »

La radio commente les affaires. Les speakers donnent le nom des coupables assortis des sentences. Arletty, auditrice fidèle, s'entend condamner à mort. Elle est arrêtée, mise au dépôt. Elle se retrouve parmi des hommes, des femmes victimes aujourd'hui des victimes d'hier.

« J'ai eu l'occasion d'être bien, ce que je n'avais pas eu avant. J'ai essayé d'être charitable avec les gens qui étaient avec moi. Non pas leur donner forcément du pain, du chocolat ou quelque chose à manger. Mais être avec eux par un sourire, en leur offrant un peu de compassion, les rassurer en leur disant que j'étais bien plus coupable qu'eux, qu'ils étaient innocents. Il y a mille façons d'être bien avec les pauvres gens, les lampistes, ceux qui n'ont jamais rien eu. C'est affreux. Ce n'est pas pardonnable de s'en prendre aux pauvres. Bien sûr, je n'étais pas là pour remonter le moral des ministres arrêtés ou des profiteurs de l'Occupation. Quant à mon cas, il ne m'intéressait pas du tout. »

A ses juges, à ses gardiens Arletty lance du fond de sa prison des répliques dignes d'*Hôtel du Nord* ou de *Fric-Frac*.

« Au préfet épurateur qui me demandait comment ça allait, je répondais invariablement : pas très résistante ! »

Après l'Occupation, le monde du spectacle se remet en place. Acteurs, auteurs, metteurs en scène essaient de retrouver leur nom ou d'entreprendre une carrière. Malgré les rivalités qui s'opposent, on découvre parfois que l'amitié a bien traversé la guerre. Par exemple, le jour où Jean Gabin, l'engagé volontaire, apprend les ennuis que vient d'avoir sa partenaire du *Jour se lève*.

« Il savait bien que j'étais tout à fait en bas, que je ne travaillais plus. Et il m'a demandé de jouer *Miroir*. À ce moment-là, je ne pouvais pas. Mais le geste était là. »

Petit à petit, les propositions reviennent. Le théâtre et le cinéma manquent d'acteurs et de vedettes. Arletty refuse les rôles qu'on lui propose. Elle n'a plus envie de jouer la comédie. Elle songe à quitter définitivement le milieu du spectacle.

« J'aurais pu retourner dans les salons de couture ou faire bien d'autres choses. Mais lorsqu'on m'a demandé de jouer *Un tramway nommé Désir*, je n'ai pas pu résister à la tentation de me lancer dans la tragédie. »

Jean Cocteau vient d'adapter pour la France la célèbre pièce de Tennessee Williams. Arletty remonte sur scène. À la première répétition, elle a envie de s'enfuir. Le public lui fait peur.

« Mes camarades ne s'en apercevaient pas. C'étaient des angoisses intérieures. C'est douloureux de revenir lorsqu'on a subi l'outrage de son pays. »

Le soir de la première, la pièce remporte un énorme succès. Tout le monde, spectateurs anonymes, critiques, vedettes invitées, est heureux de retrouver lady Paname dans un registre différent. Le drame lui va bien. Le monde du théâtre est prêt à lui renouveler sa confiance. Très vite, le public la retrouve dans une pièce de Marcel Achard : *Les Compagnons de la Marjolaine*, aux côtés de Bernard Blier, qui a déjà été son partenaire dans *Hôtel du Nord.*

« Avoir joué avec elle est une des grandes joies de ma vie. Je me souviens d'une anecdote : mon contrat avec le théâtre avait été signé bien avant le sien. On m'avait prévu à l'affiche en vedette, c'est-à-dire au-dessus du titre. Moi, je ne voulais pas être affiché avant Mlle Arletty. Alors, je lui ai téléphoné pour lui dire : “ Ne t'inquiète pas pour l'affiche, je serai très heureux que mon nom soit après le tien. ” Elle m'a répondu avec cette voix que vous imaginez : « Je te remercie. Tu vois, il y a des jours gris et puis il y a des jours roses. Aujourd'hui, c'est le matin, et grâce à toi, ça va être une journée rose... " Je n'avais aucun mérite. Ce que je lui proposais était tout à fait normal. Mais ce qui était curieux, c'était sa réaction. C'était sensible, c'était tendre, c'était gentil. »

Un peu avant de jouer la pièce de Marcel Achard, Arletty est retournée sur une scène de music-hall. Albert Willemetz lui a demandé de faire une imitation dans *La Revue de l'Empire*. Elle a proposé d'imiter Édith Piaf. La môme lui rappelle une petite femme qui était en prison avec elle en 1944. Une femme assez jolie, un peu garçonne, avec une voix splendide qui lui sortait du cœur. Elle souffrait beaucoup de sa détention. On la méprisait, on l'insultait. Des autres, elle devait supporter l'insupportable. Cette femme était la mère d'Édith Piaf. Et si Arletty a proposé d'imiter Piaf, c'est en souvenir de cet être qui l'a ému dans sa souffrance. Ce n'est pas pour Édith elle-même car elle ne l'aime pas!... Bien qu'elle en reconnaisse le talent.

Arletty aime aller au spectacle. Elle adore aller voir les autres artistes. Aussi, quand elle apprend que Buster Keaton, l'idole de sa jeunesse, passe à Médrano, elle ne manque pas la première représentation.

« J'admirais cet homme. J'avais vu tous ses films avant la guerre. À Médrano, son numéro était merveilleux, précis, peut-être même trop bien. Et puis, après, à l'entracte, comme cela se faisait au cirque, je suis allée faire le tour de la ménagerie. Il était là, seul, dans l'encadrement d'une porte, très grand, très triste. Personne ne le regardait. Personne ne le reconnaissait. Personne n'avait manifesté d'intérêt pour son numéro. Alors, très discrètement, je suis allée lui dire mon admiration, sans dire qui j'étais, cela n'avait pas d'intérêt. Il me regardait avec étonnement, presque surpris qu'on lui dise quelque chose. C'était terrible, parce qu'il était digne, noble, grand dans son désespoir. Les yeux étaient très curieux, comme ceux d'un animal avec de grosses paupières..., des paupières lourdes que personne ne regardait. Quel grand type c'était pour moi! Il est mort quelque temps après, dans la misère. C'est atroce. »

Au début des années 50, Arletty voyage. Elle découvre l'Amérique du Sud : le festival de Rio où elle est invitée d'honneur. Elle visite l'Argentine, passe à New York où elle rencontre Greta Garbo. Puis, en 1956, elle tourne avec Martine Carol à Tahiti. Un souvenir inoubliable.

« Le soleil, la nature, le Pacifique, c'était merveilleux, dit-elle à son retour de voyage. L'océan Pacifique, voilà une mer qui porte bien son nom. J'adore Gauguin. J'aimerais vivre à Tahiti. »

Arletty a maintenant plus de soixante ans. Le cinéma lui propose toujours des rôles, mais elle ne retrouve pas l'atmosphère des grands sujets d'avant-guerre écrits par Jacques Prévert ou dialogués par Henri Jeanson.

« Elle a un grand don, Arlette : elle a provoqué l'écriture, estime Bernard Blier. Je crois que c'est une des choses les plus importantes que puisse faire un acteur ou une actrice. Provoquer les poètes, comme disait Claudel. Provoquer le goût de l'écriture, c'est primordial. Il est incontestable qu'Arlette a inspiré Prévert, Jeanson, Achard et beaucoup d'autres. Elle a provoqué les poètes. »

Janvier 1962, Madeleine Renaud et Jean-Louis Barrault proposent à Arletty de venir au Théâtre de France pour créer une nouvelle pièce d'un auteur irlandais : *L'Otage* de Brendan Behan.

« J'ai tout de suite été emballée par l'aspect poétique de la pièce. Un soir, l'auteur est venu dans la salle, je crois qu'il était complètement noir. Un vrai Irlandais! »

« Quand elle a paru en scène, elle a tout de suite su être le personnage qu'on lui confiait, dit Madelaine Renaud. Elle a été incomparable. »

« Elle vit une situation authentiquement, ajoute Jean-Louis Barrault. Elle dispose d'une grande sensibilité et surtout d'une grande faculté de s'oublier soi-même dans les autres. »

Arletty avouera toujours avoir joué pour s'amuser.

« Si cela ne m'avait pas plu, j'aurais fait autre chose, des robes, des chapeaux, j'aurais changé de métier. Mais m'ennuyer, ça non! »

L'Otage au Théâtre de France a beaucoup de succès. Madeleine Renaud et Jean-Louis Barrault ont l'intention de reprendre la pièce en septembre. Arletty profite du début des vacances pour aller tourner un film en Italie.

« Et puis j'avais exigé de ne plus porter de galure. Je ne voulais plus de chapeau. Combien d'actrices avaient pris le truc à la Garbo : le chapeau sur le coin de l'œil façon mousquetaire. Ça tue. Ce qui tue, c'est le galure! »

Le 13 juillet 1962, l'actrice est en vacances. Après

avoir passé la soirée chez des amis, elle rentre particulièrement fatiguée. Comme chaque jour, elle ne se couche pas sans avoir mis quelques gouttes dans ses yeux devenus fragiles à force d'être soumis à l'intensité des projecteurs. Mais, ce soir-là. Arletty se trompe de médicament. L'erreur est irréparable. Le lendemain matin, elle ne voit plus. Transportée d'urgence à l'hôpital, elle recouvre partiellement la vue, mais elle ne peut plus jouer au théâtre avant longtemps. Elle ne reprendra pas la pièce au Théâtre de France.

« C'est mieux que ce soit tombé sur moi. J'ai certainement rendu service à ma profession et même au public parce que, jusqu'alors, il n'y avait pas eu d'aveugle au théâtre dont on ait parlé. Ce n'est pas une supériorité, mais je crois qu'involontairement j'ai appris aux gens à faire attention à leurs yeux. »

A force de volonté, Arletty sort lentement de son terrible cauchemar. Elle reprend confiance et sent sa vue revenir de jour en jour. Elle pense être capable de jouer. Elle tourne *Le Voyage à Biarritz*, dans lequel elle retrouve l'un de ses partenaires de *Fric-Frac* : Fernandel. Le cinéma lui a redonné l'envie de remonter sur les planches. Quatre ans après son accident, elle peut rejouer une pièce. Ce sera une pièce de Jean Cocteau : *Les Monstres sacrés*.

10 novembre 1966, le rideau se referme sur le dernier rappel des *Monstres sacrés*. Arletty regagne les coulisses, écoutant encore claquer les applaudissements de la dernière ovation..., sa dernière ovation. Le lendemain, le rideau ne se relève pas. La direction du théâtre fait publier un communiqué : Arletty est grippée.

La vérité est terrible à avouer. Ce matin du 11 novembre 1966, Arletty s'est réveillée totalement aveugle.

« Le rideau est tombé sur moi définitivement. On peut jouer avec une jambe de bois. On peut jouer avec un bras en moins. On ne peut pas jouer sans voir. Je n'ai pas le suicide en moi, mais cela appelait le suicide. Tout était brisé. Tout était fini. Mais, heureusement, j'avais gardé ma curiosité, ça m'a rendu la vie. J'ai continué à m'intéresser au monde. J'ai vu marcher le premier homme sur la Lune! »

Pendant des années, la demoiselle de Courbevoie devenue la dame la plus respectée du cinéma français va vivre dans un petit appartement parisien.

« Je ne serais pas mieux dans un château que dans mon trois-pièces. Tout ça, le côté matériel des choses, c'est très bas. Si c'est pour cela qu'il faut vivre, ce n'est pas possible. »

Vêtue toujours en blanc, elle reçoit régulièrement des journalistes, des amis. Elle ne se plaint jamais. Elle évoque ses souvenirs dans un livre *La Défense*, paru en 1971 aux éditions de La Table ronde.

« On ne vit pas bien avec une infirmité pareille. Mais tant que je pourrais faire du bien, tant que je peux donner une joie, un encouragement aux autres, ça m'aide à vivre. Mais ça ne me fait pas vivre bien. »

Le 23 juillet 1992, à quatre-vingt-quatorze ans, Arletty quittera son atmosphère de Paris qui l'étouffe pour monter au paradis. Elle est enterrée à Courbevoie.

JUDY GARLAND

LE 10 JUIN 1922, À 5 HEURES DANS LA MATERNITÉ de Grand Rapids, une petite ville des États-Unis, un homme attend nerveusement la naissance de son troisième enfant. Ce bébé, il n'en voulait pas. Avec sa femme, ils ont même demandé à un ami médecin de pratiquer un avortement clandestin. Finalement, à contrecœur, ils se sont laissé convaincre. Mais, au moins, que ce soit un garçon. Il y a déjà deux filles à la maison. À 5 h 30, Frank Gumm sait qu'il lui faudra encore chercher un prénom féminin, mais il ignore qu'une étoile est née.

Frank et Ethel Gumm décident d'appeler leur troisième fille Frances. Mais, déçus de ne pas avoir eu de garçon, ils vont la surnommer Baby pendant toute son enfance.

Baby passe les premières années de sa vie à être heureuse. Grand Rapids ressemble à une petite ville qui pourrait servir de modèle aux gravures des calendriers. L'hiver, les enfants font du patin à glace sur les lacs des environs, et, l'été, les passants glanent le blé sauvage qui pousse le long des trottoirs. C'est dans ce décor où l'on est sûr d'avoir de la neige à Noël que la future Judy fait ses premiers pas. Chacun de ses caprices est récompensé par le regard admiratif de sa grand-mère Eva ou par le bon rire de tante Norma. Pendant ce temps-là, Frank Gumm, le père de Judy, tient le cinéma de la ville. Avant de se fixer à Grand Rapids, Frank a parcouru le pays comme chanteur accompagné au piano par sa femme Ethel. Il a gardé le goût du métier d'artiste, et, chaque vendredi soir, il organise un spectacle sur la scène de son cinéma où viennent se produire tous les habitants de la ville qui savent chanter, danser ou jouer d'un instrument.

Les enfants assistent régulièrement à ces concerts amateurs et parfois participent. Les deux sœurs de Judy ont mis au point un petit tour de chant qu'elles présentent chaque semaine en première partie de la soirée. Judy trépigne de joie et bat des mains au premier rang sur les genoux de sa grand-mère ou de sa tante. À trois ans, elle connaît par cœur toutes les chansons du répertoire de la famille et, un soir, ne tenant plus en place, elle saute sur la scène.

« Vas-y, Baby, vas-y! »

Encouragée par sa grand-mère et par sa tante Norma, elle se met à chanter avec ses deux sœurs aînées. À partir de ce moment-là, toute la vie de Judy va dépendre du show-business.

Ce soir de janvier 1926 à Grand Rapids, la famille Gumm prend conscience que Judy a le sens du rythme et l'oreille musicale, que ce soit pour répéter une chanson enfantine ou pour danser un charleston. Pourtant, il y a deux ans, tout le monde a cru qu'elle resterait sourde. Il a fallu l'amener d'urgence à l'hôpital tant elle souffrait des oreilles. Sa mère et sa grand-mère se relayaient pour la tenir pendant que le chirurgien opérait sans anesthésie. Judy hurlait de douleur.

Une fois rentrée à la maison, l'enfant est restée encore quelque temps entre la vie et la mort, puis la fièvre est tombée. Le docteur de Grand Rapids a annoncé à toute la famille qu'il n'y avait plus rien à craindre. Alors tante Norma s'est retirée derrière ses fourneaux et s'est remise à confectionner pour Judy les meilleurs beignets aux pommes de la région.

De cette enfance heureuse interrompue par ce drame, Judy gardera toute sa vie trois marques indélébiles :

– une peur maladive d'avoir mal qui lui fera tout accepter pour éviter la moindre souffrance;

– la hantise perpétuelle de prendre du poids et de devenir comme tante Norma, qui pèse plus de cent kilos;

– un don exceptionnel pour la chanson, qui la fera passer pour un jeune prodige auprès des professionnels du monde entier.

Michel Legrand en témoignera :

« C'était, je crois, un talent unique. Elle attrapait les chansons avec ses deux bras et sa voix inégalée. Et elle racontait ses chansons avec une telle ferveur qu'elle aurait fait trembler n'importe quel cœur de bois. »

Pour sa maman, cela ne fait aucun doute que Judy est destinée à faire une grande carrière. Mme Gumm inscrit sa fille aux cours de chant, de danse et de théâtre. Judy doit se produire comme une artiste professionnelle. Elle a quatre ans. Il est temps de déménager pour se rapprocher du pensionnat que lui destine sa mère, c'est-à-dire les grands studios de Hollywood.

Frank, le père de Judy, trouve une vieille salle de cinéma à vendre à quatre-vingt-dix kilomètres de la cité des stars. L'endroit n'a rien d'un paradis. C'est une petite ville en bordure du désert qui végète sous un climat insupportable.

Là, comme à Grand Rapids, Frank organise des soirées au cours desquelles ses filles chantent et dansent accompagnées par sa femme au piano. Les sœurs Gumm deviennent rapidement célèbres dans la région. Leur mère organise pour elles des tournées dans les villes des environs. Elles font partie de toutes les manifestations artistiques du show-business local et ne manquent jamais un spectacle auquel pourrait assister un représentant des studios de Hollywood.

Mais Judy devra attendre encore quelques années pour chanter devant de vrais professionnels de la comédie musicale. Elle aura l'occasion de le faire à la faveur du mariage d'un ami de son père : le docteur Marc Rabwin.

Le docteur Rabwin épouse l'une des principales collaboratrices du célèbre producteur David O. Selznick. La famille Gumm est invitée à la réception offerte par Hollywood en l'honneur de la jeune mariée. Il y a bien entendu dans l'assistance de nombreuses personnalités du monde du cinéma. Ethel Gumm pense que c'est le moment où jamais de faire chanter ses filles et de faire remarquer la petite en particulier. En effet, tous les invités sont unanimes. Ils reconnaissent l'exceptionnel talent de Judy. Le lendemain, un journaliste écrit sur plusieurs colonnes avoir rencontré une enfant prodige, mais personne ne vient frapper à la porte de Mme Gumm pour lui proposer un contrat d'engagement pour Hollywood.

En 1933, la famille change une nouvelle fois de résidence. Frank a trouvé un cinéma à gérer dans la banlieue de Los Angeles. Hollywood est maintenant à leur porte. Ethel peut courir tenter la chance de ses enfants dès qu'un studio demande une chanteuse. Judy continue de travailler dur. Elle fréquente une école réservée aux enfants du spectacle. En juillet 1934, sa mère n'a toujours pas réussi à la faire engager sur un plateau, mais elle décroche un contrat pour une tournée dans un night-club de Chicago. Judy a douze ans. Elle chante *Mon homme,* la chanson de Mistinguett, en talons hauts avec un grand châle noir sur le dos. Le public, étonné de voir cette gamine déguisée en adulte interpréter avec tant de passion ses chansons, est frappé par sa voix magnifique. La tournée de Chicago se prolonge.

Un soir que les sœurs Gumm montent sur scène, la salle se met à rire et à se moquer d'elles en entendant annoncer leur nom. Le présentateur du spectacle prend mal l'incident. Il exige que les filles prennent un autre nom. N'ayant aucune idée, les Gumm voient le moment où elles vont rater leur entrée en scène à cause de cette stupide histoire de pseudonyme. Heureusement, le destin se décide lui aussi à entrer en scène. Un homme fait irruption dans les coulisses, se dirige vers le directeur du club et lui crie :

« Monsieur, votre ami Garland vous demande au téléphone!

– Garland..., Garland..., voilà le nom qu'il vous faut » s'écrit le présentateur en se tournant vers la mère de Judy.

Ethel, qui est prête à accepter presque tout pour aider la chance, adopte aussitôt le nom de Garland. Ce soir d'été, à Chicago, Baby Gumm devient Judy Garland.

La petite Garland a treize ans lorsque se produit enfin le miracle que sa famille attend depuis des années. Ce soir-là, elle chante comme d'habitude sur la scène d'un restaurant et, comme d'habitude, le public est muet d'admiration en l'écoutant. Mais ce soir-là n'est pas un soir comme les autres. La chance est dans la salle. Elle a les traits d'un homme de Hollywood. Il s'appelle Joseph Mankiewicz.

Mankiewicz est un scénariste et metteur en scène réputé. Il travaille pour la compagnie Metro-Goldwyn-Mayer, et lui, qui d'habitude déteste les enfants prodiges qui singent les vedettes, est touché par le charme de cette gamine. De retour à Hollywood, il court raconter son émotion à Ida Koverman.

Ida est l'assistante de Louis B. Mayer, le président de la Metro. En réalité, elle fait aussi office de conseillère du patron. Clark Gable, Robert Taylor, Jean Harlow sont entrés à la MGM grâce à elle, et les dollars qu'ils rapportent à la compagnie ne font pas regretter à Mayer d'avoir écouter les judicieux conseils de son assistante.

Ida écoute avec intérêt Mankiewicz lui faire l'éloge de Judy Garland. Elle accepte de lui faire passer une audition devant le patron.

Le jour de l'examen, Judy attend comme une enfant sage sur le plateau numéro un, celui qui est réservé au tournage des comédies musicales. Arrive enfin Louis B. Mayer avec ses petites lunettes cerclées d'or et son aréopage de producteurs. Judy se met à chanter un morceau de jazz puis une ballade et elle termine par un air yiddish. Mayer applaudit, les yeux humides d'émotion. Judy Garland a son contrat. Personne ne sait si un jour elle deviendra une star, ou même une starlette, mais Louis B. Mayer est certain d'une chose, c'est que, tant qu'elle est chez lui, elle ne risque pas de devenir quelqu'un dans un studio concurrent.

Nous sommes en septembre 1935. Judy Garland rapporte chez elle le précieux contrat que lui ont signé les studios Metro-Goldwyn-Mayer. Toute la famille a les yeux rivés sur la clause financière. Judy va toucher 100 dollars par semaine pendant six mois. Ensuite, il est prévu qu'elle gagne 200 dollars par semaine, puis 300 dollars dans un an, 400 dollars dans deux ans pour arriver à mille dollars par semaine la dernière année de son contrat, c'est-à-dire quand elle aura vingt ans, et, si les films qu'elle tourne obtiennent du succès, les sommes peuvent être révisées par les producteurs pour atteindre des fortunes. Un ami de la mère de Judy, choisi comme conseiller financier, déclare qu'en plaçant bien l'argent la petite peut se passer de travailler jusqu'à la fin de ses jours. Il lui suffit de chanter

En 1935, pas une compagnie de cinéma ne mérite davantage le nom d'usine à rêves que la Metro-Goldwyn-Mayer.

Côté rêve, la MGM a en exclusivité sous contrat le plus beau générique du monde. Greta Garbo,

Clark Gable, Spencer Tracy, Joan Crawford, Jean Harlow, Lana Turner, Robert Taylor, James Stewart, Buster Keaton ne représentent que le dixième de la liste des stars de la compagnie.

Côté usine, Louis B. Mayer se flatte de fabriquer cinquante-deux films par an, c'est-à-dire un par semaine. Il emploie en permanence des milliers de comédiens qui sont prêts à jouer instantanément n'importe quel rôle. Les maquilleurs de MGM griment plus de mille acteurs par heure. Une armée de dentistes, kinésithérapeutes, couturiers, diététiciens travaillent sous les ordres des metteurs en scène à façonner des personnages de contes de fées. Dans les bureaux des studios, des pools de scénaristes écrivent huit heures par jour des drames qui finissent bien et des comédies où le drame consiste pour une jolie femme à mettre quatre-vingt-dix minutes à voir la vie en rose avec un monsieur riche et séduisant.

« Quand on pénétrait dans les studios comme ceux de MGM, on était ébloui, raconte Maurice Bessy. C'était une véritable ville. Je me souviens, par exemple, du département littéraire dans lequel tous les livres du monde entier faisaient l'objet d'un résumé. Ceux-ci étaient fichés au nom de l'auteur. J'ai demandé à voir le dossier Cocteau. On y avait mis ses poèmes avec la note du lecteur : " Intournable ! "

Quand Judy entre à la Metro-Goldwyn-Mayer, elle est placée sous la surveillance du département de l'éducation de la ville de Los Angeles comme tous les enfants mineurs qui exercent un métier. Cela signifie que les studios doivent lui permettre de continuer ses études. Chaque matin, elle se rend à l'école dans l'enceinte même de la compagnie de production.

Quand elle tourne, son professeur la suit sur le plateau. Entre deux scènes, Judy apprend les mathématiques ou la géographie tandis que les acteurs adultes se reposent. L'emploi du temps des acteurs enfants à Hollywood est très chargé et très rigoureux. En plus des programmes scolaires, ils doivent apprendre le chant, la danse, la comédie, le maintien, la diction et, entre-temps, courir chez le diététicien, essayer les costumes, raconter leur vie au service de presse ou poser pour des photos pour le service promotion.

Judy découvre peu à peu la vie sévère que lui imposent toutes les clauses de son contrat. Si Mme Gumm ne l'avait pas élevée pour cette existence, elle regretterait d'avoir eu la chance d'entrer à l'école des stars.

Après son premier essai devant les caméras, les directeurs de production ont pris note de ses imperfections physiques par rapport à la femme idéale telle qu'elle est agréée à Hollywood. À l'écran, une star doit paraître grande, mince, avec de longues jambes parfaitement galbées. Judy a la chance d'avoir de jolies jambes, mais sa taille est loin d'être conforme aux normes. Elle ne mesure qu'un mètre cinquante-deux. Elle a le dos voûté, pas de cou, le nez en trompette, des épaules trop larges et une poitrine de femme fatale alors que, pour le public, il est bien entendu qu'elle doit rester une fillette de quatorze ans. Elle n'a pas le droit de vieillir. Sa voix doit garder la pureté qui a séduit M. Mayer sous peine de rupture de contrat. Lorsqu'on est au seuil de l'adolescence comme Judy, comment faire pour rester pendant des années une gamine avec une voix de petite fille?

C'est l'affaire de l'usine à rêves. Des spécialistes vont s'occuper de tout. Ils se mettent à lui redresser le nez à l'aide de petites prothèses en caoutchouc glissées à l'intérieur des narines. Son dos et sa taille s'affinent grâce à un corset de toile et de lames de fer. Les diététiciens se chargent de lui faire perdre les kilos superflus. Sa vie privée aussi est prise en charge. Sa mère n'a plus besoin de la chaperonner. Les studios s'en chargent. Tout est programmé : la robe qu'elle doit porter lorsqu'elle sort, les amis qu'elle peut fréquenter, les réponses qu'elle doit faire aux journalistes. À quinze ans, elle fera sa première dépression nerveuse.

Peu de temps après, un événement tragique va contribuer à bouleverser son équilibre. Frank Gumm meurt des suites d'une hémorragie imprévisible. Malgré la présence de sa mère et de ses deux sœurs, Judy se sent très seule. Ce père qui vient de disparaître, elle va essayer de le retrouver à travers tous les hommes dont elle va tomber amoureuse. À commencer par Clark Gable.

La Metro-Goldwyn-Mayer vit comme une grande famille avec ses fêtes et ses coutumes. Le président invite souvent ses collaborateurs à faire de gigantesques pique-niques dans sa propriété de Malibu Beach. Louis B. Mayer fait dresser d'immenses tables de victuailles où domine son plat préféré : le haddock fumé. Il organise aussi des tournois de lutte à la corde, des parties de cartes et des jeux dans la piscine. Même au studio, il n'est pas rare de voir le patron sur un plateau en train de découper un monumental gâteau à la crème en l'honneur de l'anniversaire de l'une de ses vedettes. C'est ce qui est prévu le 1er février 1937. Clark Gable fête ses trente-six ans, et Judy Garland doit chanter le compliment.

Pour l'anniversaire du King, Mayer veut qu'on organise une grande fête. Ses directeurs de studio sont chargés de demander à l'un des meilleurs compositeurs de comédies musicales de préparer un spectacle. Roger Edens se voit confier cette mission. Il pense tout de suite à en profiter pour faire remarquer Garland, sa protégée. Judy est restée dans l'ombre depuis la signature de son contrat. Chanter à nouveau devant Louis B. Mayer est une excellente occasion de lui rappeler qu'elle existe.

Le compliment choisi et adapté par Edens reprend une chanson écrite à la gloire de Gable. Il s'agit d'une très jeune fille qui, un jour, attend le King à la sortie des studios. Elle le voit arriver dans sa Rolls, et il lui sourit. Son acteur préféré, son idole devient le grand amour de sa vie. Roger a mis en scène l'histoire en plaçant Judy devant la photo de Clark Gable. Chapeautée d'un joli canotier à la Maurice Chevalier en robe noir et blanc à col Claudine, Judy avoue sa passion : « Cher monsieur Gable, je n'arrête pas de pleurer depuis le jour où vous avez souri à l'inconnue que je suis. J'ai vu tous vos films. Je suis amoureuse de vous. Votre voix me fait tressaillir... » La conviction et la force d'interprétation de Judy fait fondre le King. En larmes, il la prend dans ses bras et l'embrasse. Une salve de flashes de photographes immortalise l'événement. Louis B. Mayer, touché par la scène, redécouvre un talent qu'il avait oublié. Un peu comme on fait ajouter un couvert à la dernière minute, il ordonne au scénariste du film *Broadway Melody of 1938,* déjà en cours de production, qu'il écrive un rôle supplémentaire pour Judy. Le patron tient à ce que les spectateurs voient miss Garland chanter sa déclaration d'amour à M. Gable. Pour Judy, c'est une chance d'apparaître dans un film suffisamment important pour que le public la remarque. Une première marche vient d'être franchie. Il en faudra encore d'autres avant qu'elle ne se révèle sous son vrai jour : celui d'une étoile.

Le Magicien d'Oz est un film qui fait date dans l'histoire du cinéma. Il est en couleurs. Ce n'est pas la première fois que Hollywood utilise un procédé de Technicolor. Au début du cinéma parlant, les studios ont fait de la surenchère en proposant au public des images en couleurs, mais il fallait se limiter à deux couleurs. L'effet, bien qu'esthétique, manquait de réalisme. Les spectateurs ont boudé les salles. On s'est alors contenté du noir et blanc pendant une dizaine d'années. En 1938, les techniques ont évolué. La comédie musicale se prête bien à l'utilisation de la couleur. Pour *Le Magicien d'Oz,* MGM a décidé de relancer le procédé. Arthur Freed, le producteur chargé de mener à bien l'entreprise, y croit.

Freed est une personnalité exceptionnelle dans le monde de la comédie musicale. Arrivé à Hollywood comme parolier de chansons à succès – *Chantons sous la pluie,* par exemple – il veut réaliser un rêve : produire des films. C'est lui qui a proposé à Mayer de tourner *Le Magicien d'Oz* avec Judy Garland dans le rôle principal. Le patron de MGM, convaincu par l'idée du sujet, préférerait engager Shirley Temple, l'enfant prodige du cinéma, la poule aux œufs d'or de Hollywood. Mais la petite actrice magique appartient à un studio concurrent qui ne veut pas la lâcher, même contre une fortune. Le président de MGM se résigne. Il confie le rôle à Judy.

On peut parler de calvaire, de martyre. Rarement tournage ne sera plus pénible pour une jeune actrice. Le personnage du *Magicien d'Oz* a une dizaine d'années. Judy en a dix-sept et un corps de femme. Elle joue la poitrine bandée et la taille serrée dans un corset. Ses efforts sont largement récompensés. Le film devient l'un des deux films phares du cinéma mondial de l'année 1939. L'autre s'appelle *Autant en emporte le vent.*

Le Magicien ouvre à Judy les portes du royaume des stars. Pour son éblouissante interprétation, Hollywood lui décerne l'Oscar junior, la récompense réservée aux acteurs enfants. Les organisateurs de la cérémonie de remise des prix choisissent Mickey Rooney pour lui remettre officiellement la statuette.

Judy connaît Mickey depuis son arrivée à la MGM. Il a été son voisin de classe à l'école du studio. Ensemble, ils ont découvert la vie des plateaux de cinéma. Puis les producteurs ont eu l'idée de les accoupler dans les comédies musicales trépidantes. De film en film, ils sont devenus des baby-stars. À côté d'un Mickey Rooney fiévreux, bouillonnant *d'american way of life,* le public a pris l'habitude de retrouver une Judy Garland déguisée en petite fille modèle. Ils sont devenus inséparables : un cliché symbole des États-Unis d'Amérique. Un rythme de travail exténuant est alors imposé à une adolescente devenue femme au prix de sa santé et de son équilibre.

Bien que les studios s'efforcent de tisser pour Judy une légende de petite fille rangée et de lui imposer quand elle sort la présence obligatoire de Mickey, il arrive ce qui arrive en général à toute jeune fille : elle tombe amoureuse. Son premier amour s'appelle Artie Shaw. C'est un musicien de jazz jeune, cultivé, plein de talents. Artie aime la compagnie de Judy. Judy est follement amoureuse. Artie, déjà marié, promet de divorcer, finit par le faire, mais pour épouser la belle Lana Turner.

Inconsolable, Judy jure de tout laisser tomber : contrat, carrière, plus rien ne l'intéresse. Mais sa mère, Louis B. Mayer et sa propre ambition finissent par la convaincre de se laisser porter à nouveau derrière les micros et sous les projecteurs. Quelques semaines plus tard, invitée à participer à un spectacle radiophonique de Bob Hope, Judy se morfond toujours de chagrin dans sa loge en attendant le début du programme. Personne n'ose la déranger, sauf le chef d'orchestre qui vient frapper à sa porte avec une grosse part de gâteau au chocolat sur un plateau pour la consoler... Judy sourit.

« Il est beau ce chef d'orchestre », pense-t-elle.

« Je m'appelle David Rose. »

Un an plus tard, le 27 juillet 1941, Judy Garland devient Mme Rose.

Mme Rose-Garland ne peut plus passer auprès des spectateurs pour une enfant. Les producteurs sont contraints de lui faire changer d'emploi. Très rapidement, pour lui trouver un nouveau public, ils lui font tourner un film dramatique : *Little Nelly Kelly*. Elle interprète un double rôle. D'abord celui d'une jeune Irlandaise qui meurt en mettant au monde son enfant. Puis le bébé grandit et devient une jeune fille que joue également Judy. Grâce à ce film, les studios réalisent que la jeune star peut assumer sans être ridicule l'intensité de scènes dramatiques. Tout le monde découvre que se cachait une véritable actrice derrière la merveilleuse chanteuse de comédies musicales. Son mariage lui a permis de grandir au cinéma. Elle compte maintenant parmi les valeurs sûres. Les producteurs veulent investir.

Pour sa nouvelle comédie musicale, la Metro-Goldwyn-Mayer choisit de mettre trois stars sur la même affiche : la brune et provocante Heddy Lamarr, qui excite la curiosité du public car elle vient de se montrer entièrement nue dans un film tourné en Europe, la blonde explosive Lana Turner, qui a l'air d'avoir ensorcelé tous les hommes sur son passage, et Judy Garland, qui entre avec ce rôle dans l'univers de la comédie des adultes. Comme cerise sur le gâteau, le studio a posé James Stewart au sommet de la distribution tandis qu'une douzaine de girls exceptionnellement belles font rêver le spectateur comme un enfant devant les volutes de la crème Chantilly. Louis B. Mayer, qui ne néglige rien, ordonne aux publicitaires de la compagnie de trouver une bonne idée pour lancer le film. Tout le monde peut alors lire dans la presse et sur les affiches cette remarquable trouvaille : *Venez admirer les 3 B : Brunette, Blondette et Bronzette dans Ziegfeld Girls!*

Judy commence à avoir des ennuis avec les studios. Il lui faut de plus en plus de temps pour être en forme, et les metteurs en scène doivent parfois immobiliser toute une équipe de tournage pour attendre que miss Garland soit prête. Lorsqu'elle arrive, son visage trahit une sorte de découragement accentué par les prises quotidiennes de tranquillisants. Son mariage avec David Rose n'a tenu que quelques mois. Maintenant, elle est amoureuse de Tyrone Power comme d'une idole. Elle collectionne les verres dans lesquels il a bu et les objets qu'il a touchés. Quand Tyrone est mobilisé, Judy lui écrit de longues lettres enflammées de serments d'amour. Leur liaison prend fin quand elle apprend que le beau Tyrone ne s'intéresse pas à elle. Judy a l'impression qu'aucun homme ne pourra jamais l'aimer, qu'elle est condamnée à ne jamais grandir et à jouer dans la vie les mêmes rôles que dans les comédies musicales qu'elle tourne avec Mickey Rooney, c'est-à-dire à rester la gentille petite voisine de palier.

Lauren Bacall, qui aimait beaucoup Judy, confie qu'elle n'était pas heureuse.

« Je l'ai souvent vue triste. Elle voulait réussir. Elle travaillait très bien avec une intelligence remarquable. »

A Hollywood, un homme a remarqué l'intelligence et la sensibilité de la jeune actrice. Cet homme s'appelle Joseph Mankiewicz. Judy le connaît depuis ses débuts à la MGM. C'est lui qui a obtenu de l'entourage de Mayer que la petite Garland passe une audition. Depuis cette époque, Mankiewicz est devenu l'un des producteurs-metteurs en scène vedettes de Hollywood. Une trentaine d'années, une personnalité que Joan Crawford, Loretta Young et beaucoup d'autres stars trouvent très séduisante. Facilement arrogant avec ceux qui ont le compliment facile, carrément féroce avec ceux qui dégoulinent de paternalisme sur les gens fragiles, Joe figure parmi les rares personnages lucides de la capitale du cinéma. Judy trouve refuge auprès de lui et en tombe amoureuse. Elle se lance dans un amour impossible. Mankiewicz est marié. Il n'abandonnera jamais sa femme internée dans un hôpital psychiatrique du Kansas. Joe croit aux bienfaits de la psychanalyse. Il envoie Judy confier ses souffrances à un médecin allemand qui a été un disciple de Freud et qui constate comme tout son entourage depuis longtemps qu'elle a nettement tendance à cultiver la fabulation.

Malgré les interdictions renouvelées de sa mère et les menaces de Louis B. Mayer, Judy continue de voir Mankiewicz jusqu'au jour où elle confie secrètement à sa sœur qu'elle est enceinte. Les deux femmes accompagnées de Joe partent pour New York. Judy se fait ausculter et passe des tests de grossesse. Les résultats sont formels : elle n'attend pas d'enfant. Erreur ou mensonge? Nul ne le saura jamais. Cette aventure mettra fin à la liaison de Judy Garland et de Joe Mankiewicz. Judy n'a réussi qu'à se retrouver seule avec la douloureuse sensation de se croire abandonnée de tous.

Hollywood 1943, les cris d'une jeune femme en colère traversent la grosse porte capitonnée du bureau du président de la Metro-Goldwyn-Mayer. Derrière la porte, les proches collaborateurs du patron essaient de deviner ce qui se passe. Ils sont terrorisés à l'idée que quelqu'un puisse élever la voix devant M. Mayer. À l'intérieur du bureau directorial grand comme un appartement, Judy n'arrête pas de répéter :

« Non, je ne ferai pas ce film. Je ne veux pas de ce rôle! »

Mayer ne bronche pas. Aucune star, aucun être vivant à Holywood, ne se permettrait de lui parler comme cela. Mais là, c'est différent. Il s'agit de sa petite Judy.

L'actrice est en colère à cause de l'importance donnée à son prochain rôle dans la comédie musicale *Le Chant du Missouri.* Sa mère et ses amis l'ont persuadée que le personnage qu'on lui propose d'interpréter ne sera pas la vedette du film.

Le Chant du Missouri raconte l'histoire d'une famille du Sud des États-Unis au XIXᵉ siècle qui doit aller vivre à New York. Plus le jour du déménagement approche, plus les enfants se révoltent contre le départ qui les oblige à quitter leur pays natal. Finalement, les parents cèdent et trouvent une solution : leur quatre filles sont heureuses. Tout finit bien...

Judy, qui a maintenant vingt-deux ans, doit jouer le rôle de la fille aînée et Vincente Minnelli, le metteur en scène, a choisi Margaret O'Brien pour être la petite sœur de Judy dans le film. Voilà le drame : l'entourage de Judy Garland craint que le public ne s'attendrisse trop sur la petite Margaret au détriment de ses partenaires.

Vincente Minnelli explique sur quelles techniques reposait une partie du jeu de Margaret.

« Elle était connue pour son aptitude à pleurer sur commande. Un jour, sa mère me dit à la veille du tournage d'une scène dramatique : " Margaret et moi, nous sommes fâchées. Si vous voulez qu'elle pleure aujourd'hui, c'est à vous de vous en charger. Voici comment faire : ma fille a un petit chien qu'elle aime beaucoup. Vous lui dites simplement qu'on a tué son chien et elle fondra en larmes. " Je m'approche alors de Margaret et je lui dit : " Je suis désolé Margaret, ton petit chien est mort. " Elle me répond : " Est-ce qu'il a saigné beaucoup? " Je réponds oui et je décris les tortures qu'il a subies en y ajoutant les détails. Elle éclate en sanglots et à ce moment-là, j'ai crié : " Moteur! " La séquence a été enregistrée en une seule prise. C'était parfait. Mais, ce jour-là, j'ai eu l'impression d'être un monstre. »

Judy n'a pas envie de travailler avec Vincente Minnelli. Il est nouveau à Hollywood. Il a été amené par le producteur de comédies musicales Arthur Freed. Il vient de New York où il a fait une brillante carrière au théâtre comme décorateur. On lui doit les plus beaux décors des grandes revues à succès. Les studios espèrent bien profiter de ses talents pour réaliser de somptueuses comédies musicales.

D'origine italienne par son père et française par sa mère, Minnelli a toujours vécu dans l'univers du spectacle, comme Judy. Son premier rôle sur scène remonte à son enfance. Il avait quatre ans et était le partenaire de sa mère au théâtre.

« Je jouais le personnage d'un petit garçon qui mourait au dernier acte. Le soir, ma mère me faisait répéter. Je connaissais bien mon texte. Arrive le jour de la première. Ma mère dans le rôle d'une infirmière se tord de douleur après ma mort. Conformément aux répliques de la pièce, elle sanglote en me disant : " Dis-moi que tu n'es pas mort, mon petit. " Touché par sa détresse, je me suis relevé et je lui ai répondu : " Mais non, maman, tu vois bien que je suis vivant, c'est du théâtre! " La salle a hurlé de rire et on a dû faire tomber le rideau avant la fin. »

Les origines d'enfant de la balle de Vincente rappellent à Judy sa jeunesse à Grand Rapids lorsqu'elle chantait avec ses sœurs sur la scène du cinéma de son père. Mais cela ne l'attendrit pas au point de se laisser gouverner par ce metteur en scène de New York. Voilà une autre raison pour laquelle elle est allée trouver Mayer.

Le patron donne raison à Judy. Lui aussi trouve que son rôle dans *Le Chant du Missouri* n'est pas assez important. Il convoque les responsables du film.

Mais rien ne va changer. Minnelli et Arthur Freed, le directeur de production, tiennent à leur scénario. Sans éclats, ils vont réussir à convaincre tout le monde qu'il faut faire ce qui a été prévu. Alors Judy se révolte à coups de caprices. Elle arrive en retard, méprise tout le monde et refuse de se laisser intégrer à l'équipe du film. Dès que son travail s'arrête, elle se réfugie dans la luxueuse roulotte qui lui sert de loge.

Vincente Minnelli reste calme. Il suit son plan de

travail en recommençant autant de fois qu'il le juge utile. Judy ne comprend pas pourquoi Vincente l'oblige à répéter certaines scènes des dizaines de fois avant de crier moteur aux opérateurs.

Avant ce film, tout était simple. Judy Garland n'avait qu'à chanter, à dire quelques phrases de tous les jours en guise de dialogues. Tout le monde était content. Le metteur en scène l'entourait comme une maman. Les techniciens applaudissaient et, de temps en temps, papa Mayer venait sur le plateau pour lui faire un petit compliment. Aujourd'hui, rien ne va plus. Le tournage du *Chant du Missouri* lui semble infernal. Toutes ces répétitions, ces exigences de Vincente, ce travail qui a l'air inutile, tout cela désoriente ses habitudes. Minnelli exige toujours davantage en ayant l'air de savoir ce qu'il veut.

« Le metteur en scène, c'est comme le fermier qui a perdu sa vache, dira Vincente Minnelli pour expliquer sa façon de travailler. Il part à sa recherche et la ramène quelques jours après. Les voisins lui demandent comment il a fait pour la retrouver. Il répond : " C'est très simple. Je me demande où j'irais si j'étais une vache. Pour le metteur en scène, c'est la même chose. Il doit se mettre dans la situation de chaque personnage. " »

Peu à peu, Minnelli met Garland sous son charme. Elle finit par se laisser diriger et par accepter de s'intégrer au jeu des autres acteurs. Le jour de la première projection du film devant le président et ses collaborateurs, tout le monde reste stupéfait. Sous la direction de Vincente, la petite Judy est devenue une grande actrice. Une nouvelle Judy Garland est née.

Minnelli avec *Le Chant du Missouri* remporte un très grand succès. Le film marque une étape importante dans la carrière de Judy. Sa vie personnelle a l'air aussi d'avoir changé. Elle a découvert le bonheur. On chuchote qu'elle est à nouveau amoureuse. Les journaux ne tarderont pas à publier une photo géante des fiancés avec, en légende, tout ce qu'il faut savoir sur l'heureux élu. Les lecteurs reconnaîtront alors... Vincente Minnelli.

Au début de 1945, Vincente offre à Judy un magnifique anneau d'or incrusté de perles roses pour qu'elle devienne sa femme. Le mariage a lieu chez la mère de l'actrice en présence de Louis B. Mayer qui remplace le père de Judy. La cérémonie terminée, le couple part pour New York en voyage de noces.

Le 12 mai 1946, naît leur fille Liza. Peu après la naissance, Judy Garland et Vincente Minnelli entreprennent la réalisation d'une nouvelle comédie musicale : *Le Pirate*. C'est un projet qui leur tient à cœur et, pour que le film soit parfaitement réussi, Vincente demande au grand compositeur Cole Porter d'écrire la musique.

Pour *Le Pirate*, le producteur Arthur Freed choisit Gene Kelly comme partenaire de Judy. Gene Kelly et Judy Garland dirigés par Vincente Minnelli sur une musique de Cole Porter dans une comédie musicale produite par Arthur Freed, tout ce qu'il faut pour réussir quelque chose d'extraordinaire se trouve réuni sur le plateau. Il ne manque plus que l'atmosphère d'une bonne ambiance de travail.

Le premier jour de tournage, Judy est à l'heure. Le deuxième et le troisième jour aussi. Puis elle disparaît, ne revient pas le lendemain, le surlendemain. Enfin, exténuée, incapable de s'expliquer, Judy réapparaît plus maigre que jamais. Chaque jour, elle passe plusieurs heures chez le docteur Simmel, son psychanalyste. Elle ne supporte plus personne. Alors Louis B. Mayer, pour la première fois de sa vie et de celle de Hollywood, loue les services d'un grand psychanalyste d'origine viennoise pour suivre Judy Garland heure par heure. Sur le plateau, dans la loge, sur le chemin des studios, dans les salles de projection, le docteur Hacker est toujours là. Ses honoraires sont payés directement par le patron en personne. À force de drogues, de séances d'analyse et de volonté, Judy parvient à terminer *Le Pirate* pendant l'été 1947. Mais, à bout de forces et après une tentative de suicide, elle se fait interner dans une maison de repos aussi discrète qu'un asile psychiatrique de luxe peut l'être. Vincente vient la voir plusieurs fois. Après quelques mois, Judy est enfin autorisée à sortir. Personne ne la croit guérie, mais tout le monde admet qu'elle peut dominer son comportement.

Comme un oiseau affolé d'être entré dans une maison, Judy se cogne à ses fantasmes. Louis B. Mayer ne l'aime plus. Son mari l'abandonne. Hollywood la persécute. Tout le monde se moque d'elle. Personne ne la comprend. En réalité, pour lui remonter le moral, ses intimes se relaient continuellement auprès d'elle. Pour la distraire et la voir sourire, les stars sont à ses pieds. Par exemple, le jour de ses vingt-six ans, ses amis lui apportent le cadeau qu'elle a demandé. Devant sa porte, Judy trouve emballé dans du papier doré avec un énorme joyeux anniversaire... l'acteur Ronald Colman.

Les studios proposent à Judy Garland de nouveaux rôles. Mais l'actrice éprouve de plus en plus de difficultés à honorer son contrat. Celui-ci est régulièrement suspendu pour fautes professionnelles. Elle ne reçoit plus de salaires et découvre de graves problèmes financiers : les charges des deux maisons, les honoraires des médecins, le coût des médicaments, les rappels du service des impôts, son secrétariat, son agent, ses robes..., tout ce dont elle ne s'occupe pas depuis des années s'acharne sur elle.

Le 29 mai 1949, un petit bout de femme de trente-cinq kilos entre dans un célèbre hôpital de Boston. Les photographes saisissent son expression hagarde et ses yeux démesurés. Les journalistes notent sa démarche de vieillard et se forcent à reconnaître Judy Garland. À l'intérieur l'attendent les meilleurs médecins des États-Unis. Louis B. Mayer accepte de prendre en charge les frais d'hospitalisation.

Un mois plus tard, les habitants d'une petite ville de la Nouvelle-Angleterre aperçoivent Judy Garland et sa fille Liza sur un manège de fête foraine. La foule l'entoure et lui demande de chanter. Judy finit par accepter de monter sur la scène d'un petit théâtre ambulant qui se trouve là et, poussée par le délire de la foule, elle se décide à chanter. Intérieurement, l'angoisse de l'échec, la peur de ne pas retrouver la richesse de sa voix la rendent malade d'inquiétude. Quelques secondes plus tard, au milieu du premier couplet, Judy comprend dans le regard de son public qu'elle a retrouvé ses vingt-sept ans.

Judy, son mari et sa fille sont à nouveau réunis à Hollywood. Elle semble en pleine forme, et les studios préparent un nouveau film pour elle : *Summer Stock*. Le producteur Joe Pasternak lui attribue Gene Kelly comme partenaire et lui impose un régime sévère. Judy a pris trop de poids pendant sa convalescence pour rester photogénique. Le fragile équilibre de l'actrice ne résiste pas aux privations. Elle a des absences. Son caractère déborde d'agressivité. Le plan de travail prévu sur quatre mois exige finalement huit mois de prises de vues à cause de ses retards.

Summer Stock reste dans les annales de Hollywood comme une épouvantable épreuve pour Judy et les techniciens. Malgré cela, certaines séquences particulièrement réussies émerveillent les spectateurs et les critiques. Le film sera le dernier grand succès de la comédie musicale. Le public commence à se désintéresser de ce genre au cinéma. Alors coïncidence? Calcul des producteurs? Ou tout simplement lassitude de Louis B. Mayer? La compagnie MGM ne renouvelle pas le contrat de Judy Garland arrivé à expiration le 28 septembre 1950.

Quelques mois plus tard à Washington, Edgar Hoover, le patron du FBI reçoit un coup de téléphone. Il n'en croit pas ses oreilles. La femme qui lui parle est son actrice préférée : Judy Garland.

« Allô..., je voudrais que vous retrouviez un de mes amis le plus vite possible. C'est important. »

Hoover ne connaît pas personnellement Judy. Il ne l'a vue qu'au cinéma, mais il n'hésite pas. Le lendemain, à l'aube, les agents du FBI donnent à l'actrice le nom et le numéro de téléphone de l'hôtel où se trouve son ami. Il s'agit d'un homme qu'elle a rencontré quelques semaines auparavant à New York et dont elle est tombée amoureuse. Il s'appelle Sidney Luft. Judy cherche à le joindre seulement pour l'inviter à la réception qu'elle donne le soir même à Hollywood.

Judy est heureuse. Elle est prête à déranger le Président des États-Unis si quelqu'un s'avise de troubler son bonheur. Elle sort beaucoup, et tout le monde la reçoit en superstar. À chaque fois qu'elle va au Stork Club, l'un des endroits les plus chics des États-Unis, l'orchestre se met à jouer ses plus grands succès. Le propriétaire la conduit à sa table et lui offre un précieux flacon de parfum. Pendant le reste de la soirée, les maîtres d'hôtel veillent à ce qu'elle ne manque jamais de champagne « offert avec les compliments de la maison ».

Sid Luft la suit partout. Judy a quitté Vincente Minnelli. Leur divorce est en cours. Pour les commères, Luft est le nouveau M. Garland. Sid est ce joueur invétéré que tous ceux qui fréquentent les champs de course connaissent bien. Son vrai métier, entre deux paris, est de produire des films de série B, c'est-à-dire des productions de seconde importance. Il a une trentaine d'années. Grand, élégant, séduisant, il boit beaucoup, et son imposante stature cache une personnalité très vulnérable lorsqu'il est à jeun.

L'enfance de Sid s'est déroulée dans un quartier résidentiel de New York. Fils de commerçants juifs, il a souffert pendant des années de l'antisémitisme viscéral de la bonne bourgeoisie. Rejeté par les autres à l'école, dans la rue, dans la vie, il finit par mener une existence de marginal qui le conduit parfois au commissariat du quartier. Par exemple, à douze ans, il se promène avec un revolver sur lui. La police le ramasse, et la presse locale publie sa photo dans ses pages faits-divers. À quatorze ans, il prend conscience qu'il lui faut devenir plus fort que les autres. Il s'inscrit dans une salle de sport et suit un entraînement de boxe rigoureux « pour devenir champion du monde », dit-il. Il ne remportera jamais le titre de sa catégorie, mais il finira par acquérir une certaine assurance qui lui permettra de faire la loi dans les boîtes de nuit.

Presque aussi paumé que Judy, mais par un itinéraire différent, Sid Luft se sent proche de Judy Garland. Sid et Judy décident de ne plus se quitter pour vivre le meilleur et pour oublier le pire.

La vie brillante et apparemment facile que mène le couple masque des sommes considérables de dettes. Judy n'a plus un dollar. Ses revenus sont insignifiants : une petite pension que lui versera la Metro-Goldwyn-Mayer jusqu'à sa mort comme elle le fait avec tous ses employés. De temps en temps, elle peut donner un concert à la radio, mais aucun producteur de cinéma, aucun directeur de théâtre ne songerait à investir sur son nom le moindre dollar.

Judy Garland n'est plus rien aux États-Unis. Sa seule chance, c'est l'Europe. Elle se rappelle avec émotion son séjour à Londres. À ce moment-là, elle était malade et on avait dû l'hospitaliser. Tous les jours, des journalistes venaient prendre de ses nouvelles et insistaient pour qu'elle leur dise quelques mots. En Angleterre, Judy Garland reste une star; Sid Luft cherche à décrocher un contrat dans la capitale britannique. Le plus célèbre music-hall de

Londres, le Palladium, lui propose une série de récitals. Judy est ravie. Elle embarque à New York le 30 mars 1951 sur un paquebot à destination de l'Europe. De l'autre côté de l'Atlantique, le public anglais est prêt à la recevoir comme une reine. À son arrivée, les bateaux pilotes font hurler leurs sirènes en scandant le nom de Judy. À la gare, elle doit se réfugier dans la camionnette d'un bagagiste pour éviter d'être étouffée par la foule.

La première représentation de Judy Garland au Palladium a lieu le 8 avril 1951. Les répétitions se sont bien passées. Pour aider Judy à affronter le public anglais, Sid Luft vient d'arriver des États-Unis. Rassurée par la présence de son homme, elle s'apprête à monter sur scène, confiante et souriante. Elle porte une robe d'organdi pailletée d'or. En la voyant apparaître, la salle explose de joie. Judy salue le public d'un geste discret et le remercie d'un sourire enfantin, éclatent alors des milliers d'applaudissements.

Dès la première chanson, elle reçoit une ovation. À la douzième, c'est un triomphe. Pour remercier les spectateurs du Palladium, Judy tire une charmante révérence. Elle va se redresser quand ses pieds se prennent dans sa robe. Patatras! Elle tombe sur la scène. Elle continue de chanter. Les gens trouvent cela formidable. Ils crient, sifflent, hurlent de bonheur. Des coulisses, Sid surgit pour aider Judy à se relever. En voyant le couple, la salle explose de plus belle. Un vent de folie hystérique souffle sur le Palladium. Entre les Anglais et Judy Garland est née une grande passion. Un mouvement d'amour qui va garder le même élan pendant toutes les représentations qui vont suivre.

Après ce succès triomphal, Judy Garland demande officiellement à Sid Luft de devenir son imprésario. Sid lui propose de prendre des vacances. Ils partent ensemble pour la France et passent quelques semaines sur la Côte d'Azur. Ensuite, le couple retourne au Royaume-Uni pour faire une tournée en Écosse et en Irlande. Comme au Palladium de Londres, la chanteuse est acclamée par la foule. Elle est sûre d'avoir repris contact avec le public. Elle se sent capable de conquérir à nouveau l'Amérique. Le 12 août 1951, Judy Garland débarque sur le port de New York en tenant par la main sa fille Liza, pas un journaliste ne l'attend sur le quai.

Elle descend du *Queen Mary* aussi anonyme que n'importe quel passager. Sid Luft cherche un théâtre à New York qui veuille bien accueillir Judy pour une série de représentations. Il réussit à convaincre le directeur du RKO Palace.

Au début d'octobre, les New-Yorkais revoient à l'affiche un nom qui leur a été autrefois familier, celui de Judy Garland. Alors commence la terrible angoisse : les Américains l'ont-ils oubliée? Physiquement, elle a changé, elle a grossi. Quand elle prend un taxi, les chauffeurs ne la reconnaissent plus. Va-t-elle encore plaire à son public? Celui qui, il y a quelque temps encore, aurait tout donner pour la voir, lui parler, la toucher. Judy Garland peut-elle redevenir une superstar?

Réponse le 16 octobre 1951 au RKO Palace.

Quand son taxi la dépose ce soir-là au coin de la 47e Rue et de Broadway, Judy sent un frisson de bonheur lui traverser le corps. Ils sont là, des milliers à crier, à se bousculer, à lutter contre la police à cheval qui veut les parquer. New York ne l'a pas oubliée, son public l'aime toujours. Devant la porte du théâtre, le tapis rouge est prêt à accueillir les invités d'honneur. Dans la salle, grondent déjà les murmures des premiers spectateurs. Dans quelques instants, Judy Garland va apparaître sur scène dans sa robe de velours rouge...

Ce soir-là, au Palace de New York, Judy va non seulement conquérir son public américain, mais encore elle va entrer dans la légende. Son nom va rester pendant cinq mois à l'affiche de Broadway. Pour une chanteuse de music-hall, c'est le record absolu de toute l'histoire du spectacle. Désormais, personne n'oubliera Judy Garland.

Judy sait maintenant que, pour elle, tout est redevenu possible. Elle peut sérieusement penser avec Sid à bâtir ce projet qui lui tient tant à cœur : une grande comédie musicale montée dans la tradition des grands films de Hollywood. Le titre est déjà trouvé. Ce sera *Une Étoile est née.*

Premier dimanche de juin 1952. Judy Garland a trente ans. Un camion l'emmène incognito avec Sid Luft et deux amis vers un ranch de Californie. C'est là que doit avoir lieu la cérémonie. Judy va épouser Sid, qui deviendra son troisième mari. Ils se sont décidés brutalement car les médecins ont confirmé à Judy qu'elle attend un enfant. Lorna naîtra le 21 novembre.

Pour loger sa famille, Sid achète à Hollywood un manoir de dix-neuf pièces. C'est un véritable petit palais. Le living-room, à lui seul, est aussi grand qu'un grand appartement à New York. Humphrey Bogart et Lauren Bacall sont leurs voisins.

Le 5 janvier 1953, à 11 h 30, la police découvre une femme inanimée entre deux voitures sur un parking de Santa Monica. Elle est morte.

« Crise cardiaque! » disent les médecins.

Ethel Gilmore, la victime, est la mère de Judy. Au moment du drame, Judy est à New York. Elle doit chanter au cours d'une soirée privée donnée par Jack Warner. En apprenant la nouvelle, elle s'effondre.

Dans les jours qui suivent, les journaux vont saisir l'occasion pour rappeler à leurs lecteurs que Judy Garland et sa mère sont fâchées. Quand la petite Lorna est née, on a su que Judy a fait interdire l'entrée de la maternité à sa mère. Aujourd'hui, le destin vient rappeler à Judy l'importance que tenait dans sa vie cette femme qui l'avait élevée pour devenir une star.

Dans leur grande maison de Hollywood, Judy Garland et Sid Luft mènent une vie mondaine. Ils reçoivent beaucoup et sont invités aux plus brillants cocktails. Il n'est pas rare de rencontrer Judy avec la duchesse de Windsor. Dans les soirées, Sid lie de longues conversations avec le prince Ali Khān sur leur passion commune : les courses de chevaux. Mais le couple ne vit pas dans l'oisiveté. Ils préparent ce projet qui remettra Judy au firmament des stars : *Une Étoile est née.*

En février 1953, Harold Arlen et Ira Gerschwin commencent à écrire les chansons de la comédie musicale. Parallèlement, le scénariste Moost Hart se met au travail sur l'histoire et les dialogues, tandis que George Cukor accepte de se charger de la mise en scène.

Le projet est audacieux. *Une Étoile est née* est un film qui a déjà été tourné et qui a eu beaucoup de succès avant la guerre. Mais, cette fois-ci, Judy a les moyens de réussir. Elle vient de passer un accord avec la compagnie Warner Bros, pour un programme de neuf films à faire en six ans. Pour chacune de ces productions, elle a le droit de décider des acteurs, du metteur en scène et de faire modifier le scénario à sa guise. Jack Warner lui ouvre un compte de 3 millions de dollars par film.

Judy tient à réunir la meilleure équipe de Hollywood pour le tournage d'*Une Étoile est née*. Cela va prendre des mois. Quant à l'acteur qui doit partager l'affiche avec elle, elle souhaite que ce soit Cary Grant. Sid est chargé de prendre contact avec le séducteur numéro un du cinéma. Cary est passionné par les courses de chevaux. Luft l'accompagne partout sur les hippodromes. Là, entre deux paris, il pense qu'il pourra lui parler du grand rôle que Judy lui réserve.

Cary Grant refuse. Il a longtemps réfléchi, et son entourage lui déconseille de risquer de ternir son image de séducteur auprès du public. En effet, dans *Une Étoile est née*, il s'agit de tenir le rôle d'un acteur célèbre qui se laisse aller à la déchéance par l'alcool pendant que sa femme devient une star. Finalement, c'est à l'acteur anglais James Mason que reviendra ce personnage. Le 12 octobre 1953, on peut commencer le tournage du film. Judy Garland est prête à prouver au monde entier qu'elle est non seulement une grande vedette de music-hall, mais aussi une bonne actrice.

Huntington est une petite ville de Californie assez représentative de n'importe quelle agglomération de la côte ouest des États-Unis. Au début de 1954, le cinéma de Huntington programme un nouveau film dont on parle beaucoup. Sur les affiches qui couvrent les murs on peut lire : *A Star is Born, Une Étoile est née*, avec Judy Garland. Dans la file d'attente, devant la caisse, une petite femme avec des lunettes noires et un foulard sur la tête attend son tour pour entrer dans la salle. Elle n'a encore jamais vu ce film. Pourtant, elle s'appelle Judy Garland.

Judy a refusé de voir *Une Étoile est née* en projection privée avec les producteurs, les acteurs et le metteur en scène. Elle préfère le découvrir comme n'importe qui. Malheureusement, elle n'a pas pu rester dans l'anonymat jusqu'au bout, quelqu'un l'a reconnue. La nouvelle de sa présence a gagné de bouche à oreille l'ensemble de la salle. Le cinéma est en effervescence. Tout le monde la regarde, lui envoie des baisers, la couvre de compliments. La lumière finit par s'éteindre, et la projection commence. Dès qu'apparaît le nom de Garland sur l'écran, les spectateurs se mettent à crier, à applaudir, à siffler de plaisir. Après le film, la foule est en délire. Judy doit quitter le cinéma, protégée par la police pour ne pas mourir étouffée. Son expérience n'a servi à rien. Elle n'a pu voir *Une Étoile est née* dans des conditions normales de projection. Elle doit s'en remettre comme d'habitude à la presse et aux professionnels du cinéma pour avoir une opinion sur la qualité de son travail.

Dans la profession, les réceptions se succèdent pour fêter le retour de Judy Garland au cinéma. Dans les journaux, les critiques sont élogieuses. On parle de chef-d'œuvre, de performances d'acteurs et d'Oscars d'interprétation. Ce serait formidable pour l'actrice de gagner un Oscar pour avoir joué le rôle de sa propre vie.

Oui, Judy se retrouve sur la liste des " nominés " pour l'Oscar d'interprétation. Elle doit gagner. Hollywood la donne favorite. Judy vit dans une douce euphorie. Comble de joie, elle est enceinte. D'après son médecin, le bébé naîtra deux semaines après la remise des Oscars. Mais, le 28 mars 1955, elle doit entrer d'urgence en clinique pour accoucher. Dans la nuit, elle met au monde un garçon, qui prend le nom de Joe.

Judy ne pourra pas assister au grand dîner organisé pour remettre les récompenses de l'Academy Awards. Tous ses amis, Frank Sinatra et Lauren Bacall en tête, la consolent en restant auprès d'elle le soir de la remise des prix.

Judy est surexcitée. Depuis le début de l'aprèsmidi, des équipes de télévision ont installé dans sa chambre projecteurs, caméras et micros pour passer en direct dès que son nom sera prononcé quand on désignera la meilleure actrice de l'année. Dans les couloirs de la clinique, des dizaines de journalistes attendent aussi la proclamation pour être parmi les premiers à recueillir les impressions de la gagnante des Oscars 1955.

Au pied de son lit, Sid a fait installer un téléviseur. Judy suit la cérémonie en direct. C'est Bob Hope qui présente. Il annonce les premiers prix.

« Meilleur film étranger..., meilleur scénario..., meilleure musique... »

A chaque fois, le présentateur déchire lentement la petite enveloppe qui contient le nom des lauréats.

Voilà maintenant le moment de citer les prix d'interprétation. Bob Hope marque un temps. C'est la récompense la plus attendue. L'enveloppe se déchire en même temps que le public retient son souffle. Enfin, on entend les paroles qui doivent délivrer Judy de son angoisse.

« Oscar de la meilleure actrice... »

Dans sa chambre de clinique, Judy a le cœur sous pression. Elle le sent prêt d'une seconde à l'autre à éclater de joie en entendant son nom.

« ... Grace Kelly pour le film *Une Fille de province*! » lance Bob Hope avec un sourire éclatant.

Tout le monde a bien entendu : l'Oscar est pour Grace Kelly. Judy comprend que sa dernière chance d'être couronnée reine de Hollywood vient de s'envoler. Elle n'a même pas le temps de pleurer car, depuis la fraction de seconde qui a suivi la nouvelle de sa défaite, les techniciens de télévision l'ont bousculée pour retirer les câbles, les projecteurs et les caméras. Dans le couloir, on n'entend plus les journalistes. Ils sont partis. Judy Garland est sortie de l'actualité. Elle n'intéresse plus personne.

Tout le monde a cru au grand retour sur les écrans de Judy Garland. *Une Étoile est née* a reçu d'excellentes critiques, et le public a explosé d'enthousiasme à chacune des sorties de Judy. Malgré cela, la carrière du film est décevante. Judy est désespérée. Elle se rattache à Joe, son bébé né avant le drame de la cérémonie des Oscars. Elle branche la télévision en permanence, la radio vingt-quatre heures sur vingt-quatre. Elle lit sans arrêt et calme ses moments difficiles avec ses chers médicaments. Au-delà des doses raisonnables, elle avalent des quantités impressionnantes de pilules, de cachets, de potions. Chez elle, on voit traîner des verres un peu partout. L'alcool est devenu son meilleur faux ami.

Il faut absolument continuer à travailler pour ne pas sombrer totalement et pour faire face aux créanciers. Après quelques contrats de tournées à travers les États-Unis, Sid Luft obtient pour sa femme un gala exceptionnel à la télévision. Judy doit être la vedette d'un spectacle retransmis en direct sur la chaîne CBS dans le cadre d'une émission financée par les automobiles Ford. Pour Judy et pour CBS, c'est un événement important. Pour la première fois, les téléspectateurs de CBS vont recevoir une émission en couleurs, et ce seront les débuts de Judy Garland à la télévision.

Morte de peur à l'idée d'avoir à affronter une pareille épreuve, Judy se laisse diriger par Sid. Deux mois les séparent du jour du spectacle. Elle maigrit, perd plus de dix kilos. Deux semaines avant, les répétitions commencent à raison de six à huit heures de travail par jour. L'avant-veille de la soirée, le magazine *Life* envoie ses photographes prendre des clichés de Judy en compagnie de ses enfants pour la couverture de son prochain numéro. Tout va bien. Judy est en forme. La nuit qui précède le jour de sa performance, Sid lui impose la présence d'une infirmière pendant la nuit. Le lendemain matin, Judy gît, inanimée sur son lit. Pendant les quelques minutes où la surveillante est sortie pour faire du thé, elle s'est gavée de médicaments. Luft connaît la plus grande inquiétude de sa vie. Il faut la réveiller, la remettre sur pied. Un médecin se porte à son chevet. À 11 heures, sa voix est brisée. On lui ordonne d'avaler des litres de thé.

15 heures. Judy est au studio. Les musiciens s'installent pour répéter. Sid explique au patron de CBS, au patron de Ford, au patron de la société responsable du procédé couleurs que Judy va faire semblant de chanter pendant les répétitions pour ne pas fatiguer sa voix. En réalité, une demi-heure avant le direct, elle n'a toujours pas sa voix normale.

18 heures. Le rouge s'allume. Judy est sur scène. Elle chante plus lentement que d'habitude. La deuxième chanson est en play-back. Cela lui permet de reprendre des forces. Quand elle attaque *Over the Rainbow*, sa chanson fétiche du *Magicien d'Oz*, elle puise en elle toute son énergie. C'est de mieux en mieux... Cela devient parfait... C'est gagné! À la fin du spectacle, lorsqu'elle se jette dans les bras de son mari, on voit couler du sang sur ses vêtements. Pendant le final de la troisième chanson, c'était tellement dur qu'elle n'a pas réalisé qu'elle s'enfonçait les ongles dans les mains.

En 1958, la situation financière de Judy Garland et de Sid Luft est au plus bas. Judy doit courir le cachet de music-hall en music-hall. Elle chante à Las Vegas, où elle se révolte parce que les gens continuent à dîner pendant son tour de chant. À New York, elle passe dans une salle prestigieuse : le Metropolitan Opera. Là, pendant qu'elle chante, un shérif l'attend dans sa loge avec une réquisition de salaire. Il est envoyé par un directeur de théâtre qui lui reproche d'avoir rompu un contrat.

Mais les problèmes d'argent ne sont qu'une partie des ennuis de Judy Garland. Elle est malade, épuisée par la malchance, droguée par les somnifères, écrasée par la vie et hantée par la mort. Elle a déjà plusieurs fois tenté de se suicider.

Elle se lance à corps perdu dans une relation complexe d'amour et de haine avec le music-hall et son public. Les triomphes et les échecs se succèdent.

Judy ne revit que lorsqu'elle monte sur scène. Là, le public l'idolâtre. Dès les premières mesures de la première chanson, personne ne voit plus cette petite femme d'un mètre cinquante-deux, handicapée par ses soixante-treize kilos. Judy Garland, sous les projecteurs, passe de l'autre côté du miroir et entraîne le public avec elle dans un monde où n'existent plus que sa voix et sa sincérité.

Judy réapparaît au cinéma. Le metteur en scène Stanley Kramer lui a confié un rôle dans *Jugement à Nuremberg*. Bien que son personnage ne soit pas au premier plan, les spectateurs retiennent avec émotion sa performance dans ce film. Elle y incarne le rôle d'une ménagère brisée par le nazisme.

En 1961, Judy Garland se rend à la Maison-Blanche invitée par John Kennedy. Pendant la campagne, elle a soutenu la candidature de John. Elle est devenue une amie du clan Kennedy. Voilà pourquoi le Président tient à la remercier solennellement pour son aide et son amitié, Sid Luft partage ces honneurs.

Mais le couple s'entend de moins en moins bien.

La vie devient trop insupportable ensemble. Sid et Judy divorcent. Elle se console auprès de Glenn Ford. Puis elle rencontre Mark Herron, un homme de vingt-neuf ans bouleversé par l'assassinat du Président Kennedy qui vient d'avoir lieu. Judy est émue par la douleur de Mark. Elle l'épouse en novembre 1965, ils divorcent six mois après.

Quatre ans plus tard, le 9 janvier 1969, on retrouve Judy à Londres où elle vient d'épouser Mickey Deans.

Un matin, son cinquième mari découvre Judy accroupie et recroquevillée près de sa baignoire. Overdose de médicaments. Elle ne se réveillera pas.

Accident ou suicide?

Judy Garland est ramenée à New York. Pendant un jour et une nuit, plus de vingt mille personnes viennent voir, pour la dernière fois, celle qui aura pour toujours le privilège d'être la star préférée du public américain.

PIERRE BRASSEUR

LA VIE DE PIERRE BRASSEUR COMMENCE PAR UNE belle histoire d'amour de la Belle Époque. À Paris, une jeune fille est assise dans le métro. Sage, innocente, osant à peine lever les yeux sous son joli chapeau, elle porte sur ses genoux un étui à violon qu'elle serre près de sa taille pour ne pas gêner le voyageur qui est assis en face d'elle : un bel homme, sûr de lui. Il ne cesse de la regarder, il la fait rougir. Elle se sent bouleversée par ce regard de mâle qui la couve de désir. Le métro s'arrête. Elle descend en prenant un air détaché pour cacher son émotion. Le séducteur la suit. Il s'approche à grands pas, arrive à sa hauteur et la cloue sur place en lui adressant la parole.

« Vous jouez du violon, mademoiselle?

– Oui..., non..., enfin, j'apprends », bredouille-t-elle.

La jeune fille se sent paralysée à l'idée que son étui à violon pourrait s'ouvrir. Tout le monde verrait alors qu'il ne contient qu'un livre, un bâton de rouge à lèvres et pas de violon. Germaine se sert de l'étui comme d'un sac à main pour se donner une contenance de jeune fille cultivée.

L'homme se rend compte de la fragilité de sa proie. Il en profite pour l'inviter au théâtre où, dit-il, il est le partenaire de Sarah Bernhardt.

« Venez! Après le spectacle, je vous emmenerai souper. Passez me prendre dans ma loge. La loge 14, vous vous souviendrez? »

Pour Germaine, cette rencontre est merveilleuse : Sarah Bernardt, le théâtre, la vie d'artiste... Elle ne peut pas résister à l'appel d'un tel destin.

Le lendemain, la jeune fille court à son rendez-vous avec sa meilleure amie à qui elle a raconté son aventure du métro. Pendant toute la représentation, Germaine passe son temps à chercher sur la scène l'homme qui l'a abordée la veille, en vain. Il ne faut pas s'en étonner. Il joue les figurants et change de costume et de maquillage à chaque acte, mais la jeune fille ne le sait pas. Elle se sent amèrement dupée. Furieuse, elle est prête à aller jusqu'au bout de son aventure. Elle demande la loge 14. Quand la porte s'ouvre, elle retrouve son bel inconnu qui l'attend comme il l'avait promis lors de leur rencontre.

Germaine est dès lors certaine de vivre le grand amour. Et l'amour lui fait un robuste garçon qui naît un soir de 1905, à 20 h 30 exactement.

« L'heure de rentrer en scène! » commentera plus tard le bébé quand il sera devenu Pierre Brasseur.

Pierre n'est pas un enfant très attendu. Il est tombé dans la vie de ses parents comme un accident. « Ma mère était une petite fille sans défense, mon père un personnage insensé. Il aimait boire, amuser le public des bistrots en improvisant les personnages de la rue. »

Germaine n'a pas accès à ces plaisanteries réservées aux hommes. Elle est malheureuse, le petit est toute sa vie, elle l'emmène au théâtre. Devenue actrice comme son mari, elle joue tous les soirs au Palais-Royal. Elle installe Pierre dans l'avant-scène pour le surveiller plus facilement pendant la représentation. Quand un acteur fait tomber un accessoire ou une actrice un mouchoir, l'enfant saute sur scène et court ramasser l'objet pour le rendre à son propriétaire. Le public s'amuse de voir ce gamin bondir comme un guignol hors de sa boîte. Il rit plus encore quand, la pièce terminée, Pierre revient pour saluer avec toute la troupe.

En coulisses, la troupe découvre les premières frasques du petit Brasseur. Il transforme les décors en champ de bataille ou se lance dans des bagarres mémorables avec un autre garçon de son âge, lui aussi fils de comédiens : Jean Gabin.

Brasseur est un nom de théâtre. Pour l'état civil, Pierre s'appelle Espinasse. À l'école, personne ne résiste au jeu de mots : Espinasse-épinard ! Encore une occasion donnée au petit Pierre de donner ses premières répliques avec les poings.

« Je tiens de mon père pour le caractère », affirmera Brasseur bien qu'il n'ait pas connu l'amant de Germaine très longtemps puisqu'il est mort quelques mois après sa naissance. Le pseudonyme de Brasseur lui vient du nom de jeune fille de sa mère.

Les Brasseur habitent place de la mairie dans le XVIIIe arrondissement de Paris, pas très loin de la butte Montmartre. Germaine prend une bonne pour s'occuper de l'enfant dès qu'elle obtient un engagement lucratif au théâtre. Tous les matins, la bonne traîne Pierre par la main chez les commerçants du quartier. Arrivé devant son bistrot préféré, elle s'arrête, installe le jeune Brasseur à une table de la terrasse. Le garçon lui apporte un petit verre de lait pendant qu'elle prend une consommation avec les hommes du comptoir. Pierre remarque que les chauffeurs de taxis et les ouvriers du bâtiment ont tendance à parler à sa « nurse » avec les mains, mais il ne se préoccupe pas beaucoup des conversations de grandes personnes. Il préfère le spectacle de la rue, fasciné par le marchand de journaux qui hurle les titres de la presse aux passants, la marchande de quatre-saisons qui harangue les ménagères. Toutes ces voix qui se mêlent pour un authentique concert populaire que Pierre retrouvera plus tard quand, sortant à son tour d'un bistrot, il entendra l'épicier l'interpeller :

« Eh, m'sieur Pierre, un peu de légumes verts, ça vous ferait du bien! »

Dans chaque coin de sa mémoire, le petit Brasseur grave les bruits, les images et les scènes familières de la ville. Assis devant son verre de lait, il est aux premières loges des faits-divers du quartier. Il est là le jour où des coups de feu éclatent, des vrais, avec de vrais gangsters qui surgissent de la banque. La police se précipite en bousculant les badauds, pas assez vite pour empêcher les bandits de sauter dans une voiture. Pierre a six ans. Il apprendra longtemps après qu'il vient d'assister à l'un des plus audacieux hold-up de la bande à Bonnot.

Mme Brasseur élève son fils avec son tempérament d'artiste. Pierre écrira plus tard en racontant *sa vie en vrac* : « Elle était folle, volage, instable, libertine, sans mari, sans fric, avec seulement deux grands yeux bleus pour vous regarder grandir. [...] Elle a joué un rôle très important dans ma vie, ajoute-t-il. C'est la seule femme qui m'ait vraiment fait rire. »

Germaine entreprend une carrière de comédienne très honorable sous le nom de Nelly Brasseur. Après avoir dirigé le théâtre du Palais-Royal, elle crée Le Petit Café de Tristan Bernard. Sa personnalité gaie et insouciante enchante ses amis. Elle connaît beaucoup de monde. On lui prête une grande amitié avec Léon Trotski, qui se traduira par une volumineuse correspondance que son fils vendra malheureusement plus tard pour remonter ses finances.

Dans l'appartement de son enfance, Pierre voit défiler les amours de sa mère : des aventures qui finissent en « engueulades » et des passions qui se terminent par des drames, comme au théâtre. Un jour, par exemple, il entend dans la pièce voisine s'élever une voix furieuse, celle d'un homme qui crie :

« Sale garce, rends-moi mes bijoux! »

Pierre saute de son lit, prend une savate et court défendre sa mère. Devant la détermination de la veuve et de l'orphelin, l'homme reste désarmé. Il ne sait plus quoi dire et ne trouve rien de mieux à faire que de s'en aller..., sans ses bijoux. L'histoire aura pour épilogue une morale : quand Mme Brasseur voudra revendre les bijoux, elle découvrira qu'ils sont faux!

Entre mère et fils, ce couple extraordinaire qui s'aime à sa façon, existera bientôt une rancœur. Pierre pardonnera difficilement à Germaine de l'avoir envoyé en pension. En effet, Mme Brasseur finit par se convaincre que, pour tenir lieu de père à son fils, rien ne vaut un bon collège à la campagne. L'établissement, désigné au hasard dans l'annuaire de la Poste, s'appelle l'institution Prou, à Montlhéry, une petite ville située à une vingtaine de kilomètres de Paris. Pour s'y rendre, Pierre et sa mère prennent l'Arpajonnais, un tortillard comme on n'en voit plus. Dans le parloir, Germaine fait ses dernières recommandations à son fils. La larme à l'œil, elle promet de venir le voir toutes les semaines. Pierre ne reverra sa mère que dix ans après quand il sera libéré de pension.

Quand le fils de Germaine sort du collège, l'Europe sort de la Première Guerre mondiale. Du conflit, Pierre n'a connu que les récits des exploits des aviateurs dans les journaux qu'il ramassait dans des poubelles des profs. Guynemer était son héros, celui qui, à chaque bataille, faisait le plus beau tableau de chasse de tous les pilotes de l'armée française.

A Guynemer Brasseur doit l'un des plus beaux jours de sa vie : celui où il est venu au collège. Il l'a vu en chair et en os. C'est son meilleur souvenir d'enfance. Il ne savait pas quoi lui dire, à son héros, mais il tenait absolument à lui poser une question, comme les copains. Alors, il lui a demandé :

« Monsieur Guynemer, c'est rigolo de tuer des bonshommes? »

À seize ans, Pierre remonte à Paris, révolté à jamais contre l'univers carcéral de la bonne éducation. Mais il reconnaît avoir eu la chance d'étudier de beaux textes grâce à l'un de ses professeurs de lettres doué d'une sensibilité nettement supérieure à la moyenne. L'adolescent qu'il est devenu remercie également ses premières amours buissonnières de l'avoir déniaisé, avec une attention toute particulière pour la fille du facteur qui, par un beau dimanche soir en face de la poste, lui a fait découvrir tout ce qu'il racontait depuis des années à ses copains sans jamais l'avoir vécu.

Si Germaine n'est pas revenue voir son fils en pension, c'est parce qu'elle a retrouvé un mari : un musicien, premier prix de conservatoire. Il l'aime comme un premier amour. Il lui apprend à chanter. Il l'accompagne au piano. Il ajoute même dans les partitions des accords qui n'existent pas pour qu'elle croie chanter juste. Germaine est heureuse. Son fils est devenu un jeune homme. Il veut vivre sa vie : devenir peintre. Sa mère l'encourage à prendre son indépendance pour réaliser sa vocation. Leurs routes se séparent. Chacun va mener sa carrière de son côté. Pour l'instant, Pierre fréquente une académie de dessin. Ses dons sont réels. « Mon père aurait pu devenir un grand peintre, dira plus tard son fils Claude. Il a suivi les cours des beaux-arts. Sa formation a été celle d'un professionnel, pas d'un peintre du dimanche. »

Pierre Brasseur pourrait aussi devenir écrivain. La littérature le passionne. Il a du style, de l'imagination et de l'élégance. Mais il va préférer le théâtre :

la beauté du geste, la vie extravagante, les personnages éphémères.

Sur scène, il se sent lui-même. Comme tous les débutants, il court le cachet. Son premier rôle le conduit à Lille où il interprète un collégien dans un vaudeville musical : « T'auras pas sa fleur! » Il avoue parfois qu'il ne dit pas toujours le texte des auteurs. « Je joue souvent en marge », dit-il. En marge, c'est là que se trouve son royaume, quitte à devenir insupportable pour les autres quand il a trop arrosé ses angoisses, mais il ne manque jamais de poésie. Edwige Feuillère raconte qu'un soir en tournée toute la troupe est restée sans jouer. « Il ne voulait pas sortir de sa chambre. La location, la représentation, le public, aucun argument n'a pu lui faire ouvrir sa porte. Tard dans la soirée, on a vu dans le couloir surgir une sorte de vague d'écume. L'origine venait de la porte de la chambre de Brasseur. Le directeur de l'hôtel l'a fait ouvrir, et on a vu Pierre assis sur une caisse de bière en train de répandre le contenu des canettes sur la moquette. Quand on lui a demandé pourquoi il faisait cela, il a simplement répondu en nous lançant un regard désarmant : “ Je voulais voir la mer! ” »

Dans le Paris des années 20, Pierre Brasseur s'intéresse à ce mouvement artistique dont tout le monde parle et que le monde trouve si anticonformiste : les surréalistes. Pierre n'est encore qu'un jeune homme quand il rencontre André Breton.

« J'ai eu la chance de fréquenter une fille qui habitait juste en face de chez lui, racontera-t-il plus tard. Je lui ai envoyé quelques textes : des vers, des contes, des nouvelles. Le lendemain, j'ai reçu un petit mot : “ Vous faites partie du groupe. ” »

Intronisé d'emblée dans la chapelle par le pape des surréalistes, le petit Brasseur passe pour un véritable auteur auprès de Desnos, Aragon, Eluard et Prévert. Il les retrouve autour de Breton dans leur sanctuaire, un bistrot de Pigalle qui porte l'enseigne Les Pierrots. Il sacrifie au rituel dîner, auquel chacun l'invite pour le jauger et savoir s'il est digne de rester parmi eux. Aragon dira de lui :

« Brasseur n'avait pas de défauts, il n'avait que des folies. »

Chez les surréalistes, Pierre a contracté la haine du militaire et le dégoût de tout ce qui touche à la guerre. La mort dans l'âme, à vingt ans, il s'entend déclarer « bon pour le service » et se voit incorporé en Allemagne. Il supporte mal la morne vie de garnison.

« Tout le monde s'ennuie, pense-t-il. Mais les autres ne sont pas comme moi. Ils n'ont pas l'air d'être malheureux de s'ennuyer. »

Très vite, à cause de ses extravagances et de son talent d'acteur, il devient la star du régiment. Il monte des spectacles. Il a du succès. Les femmes des officiers sont invitées à assister aux représentations. Au besoin, elles acceptent de jouer la comédie, ce qui conduit Brasseur en prison, le jour où l'un de ses supérieurs le trouve en train de lutiner sa femme derrière le rideau rouge. Pierre se retrouve au cachot comme au pensionnat lorsqu'il était gosse. Seul dans sa cellule, il se morfond. Aucun rire, aucun sourire, aucune engeulade ne vient répliquer à ses plaisanteries. Alors il se prend lui-même pour public. Il décrit son monde imaginaire, et cela devient une pièce de théâtre : *L'Ancre noire*, sa première pièce en tant qu'auteur.

Brasseur envoie son manuscrit à l'un de ses amis parisien en lui demandant de la faire lire à Lugné-Poe, le directeur du théâtre de l'Œuvre, connu pour son goût pour les textes d'avant-garde.

« Votre pièce est très bonne. Je la monte pour mon prochain spectacle », lui répond Lugné-Poe.

L'Ancre noire tient l'affiche pendant neuf jours sous les quolibets et les tomates.

« Le texte était peut-être un peu trop surréaliste », pense Brasseur.

Cet échec ne doit pas faire oublier que Pierre a les talents d'un véritable auteur. Georges Herbert, le producteur de tournées théâtrales, regrettera que Brasseur n'ait pas passé plus de temps de sa vie à écrire :

« Ses pièces étaient en général mal construites d'un point de vue académique, mais les personnages entre eux dégageaient des rapports intenses et les dialogues brillants ne manquaient pas d'originalité. S'il avait été architecte, il aurait certainement construit des maisons qui se seraient peut-être écroulées, mais qui auraient été prodigieuses de beauté. »

Daniel Gélin partage cette dernière idée :

« Au fond, Pierre était marié avec le cosmique, les étoiles, les saisons, les lunaisons. Je suis persuadé que c'était quelqu'un qui ressentait les astres. C'était un être élu de ce côté-là. »

Le destin va venir chercher Pierre Brasseur au fond de sa cellule militaire. Il a réussi à corrompre suffisamment ses gardiens pour qu'ils lui apportent tous les matins une revue de théâtre à laquelle il tient beaucoup : *Comœdia.* Le journal arrive plié en huit dissimulé sous le couvercle de sa gamelle. En général, lorsque Brasseur soulève le couvercle, le numéro de *Comœdia* saute par terre comme un petit diable de sa boîte. Il est habitué. C'est un geste qui l'amuse comme s'il faisait un pied de nez à ceux qui l'ont enfermé. Or ce jour-là, si le journal se déplie bien brusquement comme d'ordinaire, il tombe en étalant sa couverture au milieu d'une flaque de soleil qui baigne un coin de sa cellule. En première page, il découvre une femme qui sourit. Elle semble vouloir l'envoûter comme un poster de pin-up aguiche le militaire ou le camionneur qui l'a placardée. Brasseur sent son imagination et ses sens s'enflammer. Il se met à rêver et, comme chez lui, le rêve et la réalité ont depuis longtemps décidé de fonctionner en libre échange, il se met à lui écrire une..., deux, trois lettres d'amour. Son trop-plein de romantisme épuisé, il se décide à lire l'article qui accompagne la photo. Il découvre alors que son grand amour s'appelle Madeleine. Elle est directrice de théâtre. Il se souvient maintenant l'avoir rencontrée. Ses souvenirs lui rappellent tout à coup qu'elle a vingt ans de plus que lui et qu'elle est la maîtresse d'un ambassadeur.

« Quelle importance? » se dit Brasseur.

Il envoie toutes ses déclarations d'amour à la dame. En guise de réponse, il ne provoque pas de scandale, mais il reçoit une charmante lettre parfumée contenant une proposition alléchante :

Je monte une nouvelle pièce dont le titre n'est pas sans évoquer vos lettres. Elle s'appelle : Le Cœur ébloui. *Il y a un rôle pour vous, et je suis sûre que vous le jouerez admirablement.*

Pierre va découvrir l'humour de sa correspondante en lisant le texte de la pièce. On lui demande d'interpréter un personnage totalement cynique. Mais, auparavant, il aura constaté que l'offre est sérieuse. Les plus hautes autorités militaires, sous la pression de Madeleine, lui accordent une permission exceptionnelle pour aller faire du théâtre à Paris.

À Paris, dans *Le Cœur ébloui*, en 1925, Brasseur obtient son premier grand succès. À tel point que le théâtre le réclame partout, toujours pour jouer des rôles de cyniques. À vingt ans, Pierre est le plus célèbre gigolo-maquereau-menteur-arnaqueur que le public applaudit tous les soirs.

« Il y a quelque chose de très bizarre, dit-il, c'est que, lorsqu'on est enfermé dans un type de personnage sur scène parce que le public vous a adopté dans ce genre de rôle, on est tellement content d'être aimé qu'on voudrait que les gens de la rue vous aiment de la même façon. Alors, longtemps le personnage que je jouais sur scène, je le reprenais à la ville. Superficiellement. Je ne me suis jamais fait entretenir par les dames, mais par exemple cela m'amusait de passer pour un gigolo dans un bar. »

Au cinéma, Pierre Brasseur commence sa carrière en 1925. Il tournera cent trente-sept films sous la direction de presque tous les metteurs en scène représentatifs du cinéma français. Claude Autant-Lara en parle comme d'un monstre sacré doué de talents exceptionnels.

« Il avait un grand physique, une belle prestance, une voix merveilleuse qui agissait sur les sens du spectateur. Et puis une intelligence des textes remarquable. Il savait camper un personnage. Avec lui, tout à coup le rôle prenait une dimension extraordinaire. »

Margot Capellier, directrice de distribution, se souviendra longtemps avoir vu Pierre au théâtre dans une scène du *Bossu* se tourner vers la salle pour lancer la célèbre phrase : « Si tu ne vas pas à Lagardère, Lagardère ira à toi! » « Il était face au public et il s'est mis à taper trois fois du talon pour que les applaudissements arrivent plus vite dans le rythme de l'action. C'était magnifique. C'était ça, Brasseur! »

La nuit, sur les pavés de Paris, Pierre part en tournée : les restaurants, les cabarets, les boîtes de nuit. Quand Brasseur arrive quelque part, le spectacle est dans la salle. Son fils Claude raconte qu'il n'aimait pas entrer dans un lieu public le premier. Il s'arrangeait toujours pour passer la porte le dernier, par timidité.

« Alors, il était pressé d'aller s'asseoir. On le voyait, par exemple, traverser le restaurant à grandes enjambées, renversant des piles d'assiettes, bousculant des serveurs. On mettait tout cela sur le compte de son extravagance parce qu'il gesticulait beaucoup en parlant, mais son comportement n'était pas volontaire. Il était terriblement gêné et, pour cacher sa maladresse, pour ne pas avoir l'air ridicule, il en rajoutait. S'il renversait une assiette, il mettait volontairement la pile par terre, uniquement pour faire un effet théâtral. Une pirouette qui transformait la vie quotidienne en représentation. Mon père était extrêmement pudique. »

Les amis de la nuit ont le nom des femmes de rencontre, des verres que l'on boit pour outrager sa timidité. Mais, à côté de lui, Pierre garde ses valets de cœur : le joyeux Claude Dauphin et Dalio, le clown.

Pierre et Dalio doivent leur rencontre à Germaine. Toujours à l'affût de nouveaux spectacles, Mme Brasseur assiste un jour à la représentation que donne Dalio au théâtre des Deux-Ânes. Subjuguée par l'étonnant personnage de petit vieux déguisé en régisseur de théâtre ou grimé en belle Otéro, elle invite son fils à découvrir cette performance. Pierre décide d'attendre l'artiste qui l'a émerveillé à la brasserie où il a l'habitude de se rendre pour souper. Dans sa tête, les numéros du vieux dansent encore. Il se met à les dessiner. Tout à coup un jeune homme s'approche de sa table et lui dit :

« Vous savez que c'est moi que vous êtes en train de dessiner? »

Brasseur, incrédule, regarde l'importun avec un œil sévère.

« Oui, c'est moi. Vous ne me reconnaissez pas parce que je ne suis pas maquillé. Je suis Dalio, le vieux qui fait l'acrobate. J'ai vingt ans, comme vous! »

Pierre se demande comment un jeune homme peut jouer des personnages aussi émouvants en se vieillissant de quarante ans. Une grande amitié naît entre les deux hommes. Brasseur et Dalio, on les voit partout ensemble. Ils ont le même amour du théâtre, de la vie, lorsqu'elle ressemble à une comédie, et des femmes, lorsqu'elles ont un parfum de mauvaise vie.

« On courait les concours de beauté et on s'arrangeait pour faire partie du jury, raconte Dalio. Il y avait toujours une miss blanchisseuse, une miss printemps ou une miss quelque chose à élire quelque part. Aucune rivalité n'existait entre nous. On ne pouvait pas tomber tous les deux amoureux de la même fille parce que, dès le début, le choix était fait. Pierre me disait : “ La laide est pour toi! ” »

Pierre Brasseur, l'enfant de la balle, et Marcel Dalio, le petit Juif du quartier du Marais, ont des origines différentes. Marcel a passé son enfance entouré des quatorze filles de sa grand-mère.

« J'étais le chouchou. Mais il fallait toujours faire des câlins à ma grand-mère, et les bras de ma grand-mère sentaient le hareng saur. Je me souviens aussi qu'au premier étage il y avait un petit bordel où venaient les pompiers du quartier. Je peux dire que j'ai bien connu les femmes dès mon enfance. »

L'amitié et les femmes tiennent aussi une grande place dans la vie de Brasseur. Il aime les copains disponibles jour et nuit, les petites mômes qui traînent leur cœur dans la rue, la gouaille de Paris. Cet univers qu'il chérit, il le retrouve chez une femme qu'il rencontre dans un petit bal musette : Le Tourbillon. Elle chante des refrains populaires en s'aidant d'un porte-voix. Pierre est touché par sa fragile silhouette d'où sort une voix aux accents bouleversants. Il se sent ému et, s'il ne l'aborde pas tout de suite comme il en a l'habitude, c'est parce qu'il est intimidé et que, renseignements pris auprès du garçon, la môme est accompagnée. Brasseur ne regrettera pas son manque d'audace ce jour-là. Ce qui n'aurait pu devenir qu'une liaison passagère se transformera en un sentiment plus profond. Édith Piaf restera son amie. « Cela vaut mieux que toutes les nuits d'amour, écrira-t-il pour une émission sur Europe 1. Ce que tu représentes de rare sur notre terre, cela veut dire Paris, c'est que tu as toujours su t'entourer d'étoiles, c'est-à-dire ce qu'il y avait de plus brillant, que ce soit poètes, compositeurs, amants d'un jour ou à l'année. Les seconds étaient moins gâtés que les premiers, mais tout aussi fiers, il faut bien le dire, ma pote. Je t'embrasse. »

Je t'aime, c'est le titre de la chanson que Pierre a écrite pour Édith. Il en a eu l'idée en lisant une réplique de théâtre : « Il y a toujours un chien perdu quelque part qui m'empêchera d'être heureuse. » Cette phrase est tirée de *La Sauvage*, une pièce de Jean Anouilh. Brasseur a demandé à son auteur la permission de la développer en chanson.

« Écrire des paroles, ce n'est pas mon métier, explique-t-il. Je fais cela pour m'amuser comme la peinture. »

Pierre joue sans cesse de ses multiples dons. Il s'en sert parfois pour concocter des farces à sa façon, comme celle-ci que rapporte Daniel Gélin :

« Il avait organisé une grande exposition à Paris consacrée à un nouveau peintre que personne ne connaissait. Les toiles étaient de lui, bien entendu. Mais il avait pris un pseudonyme qu'il avait révélé en signant une toile blanche avec la queue d'un âne trempée dans la peinture. »

Pendant les années 20, Berlin demeure la capitale européenne du cinéma. Tous les acteurs rêvent de travailler dans les studios berlinois. Les producteurs américains écument continuellement les génériques des productions allemandes pour découvrir de nouveaux talents. Quand Pierre Brasseur reçoit le télégramme du représentant en France de la UFA, la célèbre compagnie d'outre-Rhin, qui lui propose un engagement, il saute de joie. Il se voit déjà consacré comme une superstar. Alors, sûr de son génie naissant et ivre d'inconscience, il demande 30 000 francs par semaine, une somme exorbitante qui correspond à ce que gagne Henri Garat, la plus grosse vedette française de l'époque. En réponse, les producteurs allemands lui offrent 9 000 francs. Brasseur signe immédiatement, encore sous la peur d'avoir failli rater l'affaire à cause de ses exigences puériles. Daniel Gélin confie que le caractère de Pierre avait gardé un aspect enfantin, aimant faire des caprices ou bien lisant les lettres naïvement touchantes qu'il écrivait à Édith Piaf en dessinant des petites fleurs dans la marge.

À Berlin, commencent pour Brasseur d'inoubliables aventures. Il tourne ave les stars de l'Europe dans de grandes productions. Malheureusement, ces œuvres disparaîtront dans un incendie provoqué par un bombardement à la fin de la Seconde Guerre mondiale.

De film en film, ses cachets rejoignent ses espérances. Son train de vie augmente. Il ne se déplace plus qu'en limousine conduite par un chauffeur en livrée. Dans son luxueux appartement berlinois, il organise des fêtes somptueuses. Son secrétaire-ami-homme de confiance, un Russe qui a perdu au jeu toute sa fortune, se charge de l'organisation. Joseph Kessel est souvent invité. Ces soirs-là, il y a de la casse. On boit à la russe. On danse comme des cosaques. Les femmes se pâment. Cela donne des idées aux hommes. Brasseur, lui, est amoureux de la maîtresse du grand écrivain Erich Maria Remarque.

À Berlin, Pierre va souvent au théâtre. Il en profite pour aller voir jouer les œuvres majeures de l'époque : les pièces de Bertolt Brecht par exemple. Il assiste aussi aux premières manifestations du nazisme. Tout le monde parle de ces hommes qui proposent un ordre nouveau. Ils envahissent les conversations. Leur montée au pouvoir laisse des cadavres que l'on retrouve au petit matin dans la rue. Brasseur se retrouve un jour sur une place, entouré de milliers de gens tétanisés par un pantin qui articule du haut d'une tribune un discours hallucinant, tandis que, régulièrement, monte de la foule qui écoute la réponse d'un peuple subjugué. Il constate qu'aux studios les ouvriers ne déjeunent plus que d'une tartine de saindoux. Le nouveau régime leur permet d'avoir des prix spéciaux à la cantine. Il sait aussi que les SS passent le soir de Noël chez les pauvres, apportent du champagne, de la dinde et des fruits. Les nazis gonflent d'espoir les misères de l'Allemagne.

Pierre va rencontrer Hitler sur un plateau de cinéma. Un jour, en plein tournage, les projecteurs s'éteignent sans raison. Tout le monde s'arrête de travailler, et, tout à coup, il entend une armée de motos pétarader dans la cour. S'ouvrent alors toutes grandes les portes du plateau. Entrent deux colonnes de SS tandis que les producteurs ordonnent aux acteurs de se séparer en deux groupes : ceux qui tournent la version allemande et les autres, la plupart des étrangers comme Brasseur.

Les Allemands attendent au garde-à-vous. En face, les acteurs venus pour tourner les versions étrangères ne comprennent pas la situation. Ils restent les bras ballants, attendant on ne sait quelle révolution de palais. Quelques minutes plus tard, les projecteurs éclairent à nouveau le plateau de tous leurs feux. Tout devient clair. Le Führer en personne fait son entrée. Il vient visiter les studios. Devant chaque acteur, pétrifé de se retrouver dans une scène authentique de l'Histoire, il s'arrête, prononce quelques mots, après avoir salué magistralement de l'avant-bras. La cérémonie égrène son cérémonial tout au long de la colonne. Adolf Hitler est maintenant à quelques têtes de Pierre Brasseur. Il voit son tour venir. Il se jure d'avoir le courage de ne pas baisser les yeux au moment du face-à-face. Il veut lire l'empreinte que la haine peut laisser dans le regard d'un monstre. Hitler est arrivé devant Brasseur. Pierre a maintenant les yeux fixés dans le regard de l'Allemand : un regard vert-de-gris comme le fût d'un canon.

« C'était insoutenable, raconte l'acteur. J'ai dû baisser les yeux. »

Alors Pierre chasse son malaise d'une pirouette. Il se venge de sa défaite en faisant remarquer à son voisin qu'un lacet pendouille sur la botte du Führer.

De retour à Paris, Brasseur vit pendant quelque

temps en gardant le luxe de Berlin. Son énorme Mercedes épate les « nanas », mais le chauffeur ne connaît pas les rues de Paris et ne parle pas un mot de français.

« Alors, raconte son amie Margot Capellier, Pierre disait à son chauffeur :

« “ Tu n'as qu'à me suivre ” et, lui-même, il prenait un taxi! »

Jouer la comédie : Brasseur y consacre sa vie. Quand il ne joue pas, il est malheureux ou bien il écrit des pièces. Depuis sa première œuvre rédigée en prison, Pierre continue de remplir des pages de dialogues avec son ami Dalio.

« On rêvait d'écrire une pièce sur la condition ouvrière, les mineurs qui se mettent en grève, les revendications sociales, etc. Mais on ne connaissait rien de ce milieu. On ne s'informait pas. On écrivait. On laissait partir notre imagination. Souvent, les gens nous demandaient qui de nous deux écrivait. Pierre répondait toujours, l'air agacé qui ne souffrait pas la réplique : “ Mais bien sûr que c'est Marcel puisque c'est moi qui dicte! ” »

La pièce s'intitulera *Grisou*, décident Brasseur et Dalio. Ils répètent les dialogues dans un appartement situé faubourg Saint-Honoré. En face, les fonctionnaires de l'ambassade de Grande-Bretagne tirent souvent leurs rideaux, choqués par ces deux larrons qui déclament tout nus devant leur fenêtre grande ouverte. Derrière eux, on distinque quelques filles en tenue légère qui rient de leurs extravagances et se moquent des voisins affolés. *Grisou* est enfin présentée aux directeurs de théâtre. René Rocher, patron du Vieux-Colombier, accepte de monter la pièce. Il cherche une interprète pour jouer la jeune héroïne et la trouve dans le corps de ballet de l'Opéra. Elle s'appelle Odette Joyeux. Convoquée pour passer une audition au Vieux-Colombier, Odette arrive, innocente, avouant ne pas connaître Pierre Brasseur. Rocher est consterné. Pierre est séduit par sa fraîcheur et sa virginité mondaine qui l'a préservée du monde du spectacle. En fait, Brasseur tombe très vite amoureux de ce petit rat qui semble échappé d'un conte de fées. Ils se marient et ont un enfant : Claude.

Le jour de la naissance de son fils, en attendant l'ouverture des bureaux de la mairie pour le déclarer à l'état civil, Pierre se met à écrire un hymne en l'honneur de Claude. Ce très beau texte sera publié par les journaux de l'époque :

Bonjour, mon petit enfant. Que c'est bon de te parler à toi qui encore humide de mystères, arrives des plus profondes nuits de la femme que j'aime... Petit Claude! Tu ne portes aujourd'hui que mon nom et celui que ta mère t'a donné. Mais, fais-moi plaisir : à genoux devant ton berceau d'osier pour être à la hauteur de ton front, je te supplie d'avoir les mêmes rêves que ta maman, la même délicatesse et les mêmes amours. Je te permets même d'avoir ses petits défauts si fragiles. Ne prends de moi que ce qui n'a encore servi à rien.

Parlant de sa jeunesse, Claude dit :

« Nous n'avions pas de rapports père-fils. Il n'existait pas cet investissement que je déteste que font souvent les parents sur leurs enfants. Je n'ai pas eu l'impression de devenir un capital pour lui. Jamais je n'ai senti qu'il m'aimait pour me dire un jour : j'ai investi sur toi pendant ta jeunesse, maintenant que ton éducation est faite, qu'est-ce que tu peux faire pour moi? Un peu comme on demande à un placement de produire à terme des dividendes. Pierre n'avait pas cette notion de l'amour. Il me prenait pour son copain ou bien il acceptait la relation de père et fils, mais à l'envers. Il était le fils et moi, le père. En tout cas, il n'avait jamais de rapports paternalistes avec moi. »

Brasseur est entré dans la vie de famille comme dans un contre-emploi. Pour lui, l'époque devient aussi difficile. Il ne trouve plus de travail. Ses dettes s'accumulent. Les huissiers menacent sa femme de tout faire vendre. Pierre prend l'affaire comme Frédéric Lemaître dans *Les Enfants du paradis* : il continue à dépenser comme un prince. Chez les tailleurs, dans les boîtes de nuit, au restaurant, il n'a plus pour public qu'une foule de créanciers.

L'équilibre du couple pâtit de ces situations romanesques et fantasques. Odette et Pierre se séparent quelques années après leur mariage.

Généreux et prodigue, Pierre a des moments heureux qu'il gaspille fougueusement. Quand le théâtre et le cinéma lui font bonne fortune, il en fait profiter les amis. Dalio se souvient de cette vie à bourse déliée : « Tu avais besoin de quelque chose, il te le donnait. Mais, si tu gagnais aux courses, il prenait l'argent dans ta main. »

Considéré comme un art mineur par rapport au théâtre, le cinéma n'est pour Brasseur qu'un gagne-pain. Il révise son jugement en 1938 à la suite du succès énorme qu'il remporte en jouant un rôle d'assassin au théâtre. Marcel Carné et Jacques Prévert assiste à l'une des représentations. La performance de l'acteur les enthousiasme. Ils deviennent amis, se voient régulièrement et, quand le poète et le metteur en scène préparent *Quai des brumes*, ils pensent naturellement à leur ami pour jouer le rôle du méchant. Dès lors, Pierre passe pour le public pour le plus grand mécréant, le personnage noir du cinéma français, l'anti-héros, le négatif de Gabin et le persécuteur de la fragile Michèle Morgan. Pendant le tournage, Brasseur et Gabin se disputent comme au temps des culottes courtes dans les coulisses des théâtres que fréquentaient leurs parents. Mais, cette fois, il s'agit de conquérir les beaux yeux de l'héroïne de *Quai des brumes* : Michèle Morgan.

Jouant sans cesse de cette ambiguïté entre ses rôles et sa personnalité, Pierre finit par être victime du public de la rue. Les gens associent l'acteur à son personnage. Par exemple, un jour, dans un buffet de gare, il entend un gars dire à son copain :

« Oh! il a vraiment la tête à claques de *Quai des brumes!* »

Brasseur raconte être allé à sa rencontre pour lui faire remarquer qu'il n'avait pas dans la vie le même caractère que dans le film. La scène s'est terminée autour d'un verre.

Avec le succès de *Quai des brumes*, la carrière de Pierre Brasseur prend une dimension importante. Il joue des grands auteurs : Jean Cocteau, Edmond Rostand. Jean-Paul Sartre écrit une pièce pour lui :

Kean. Cette influence sur certains grands écrivains contemporains n'éblouit pas l'acteur, qui n'aime que les auteurs classiques, même si, comme, plus tard, Dalio en témoignera, il cherchait à les adapter à son époque et à son imagination.

« Un jour, me dit-il, on va reprendre *Œdipe roi*, mais on va tout changer. Œdipe ne va pas se crever les yeux parce qu'il apprend que c'est sa mère qu'il vient d'épouser, mais il va se mutiler parce que l'épouse qu'il a choisie n'est justement pas sa mère. Ce sera plus actuel! »

Le plus grand rôle de Pierre Brasseur ne peut être que celui d'un acteur. Marcel Carné et Jacques Prévert lui demandent de jouer Frédéric Lemaître dans *Les Enfants du paradis*. Dans ce film devenu aujourd'hui un classique, Pierre peut donner toute sa mesure sur les dialogues de Prévert. On voit vivre Lemaître et on croit voir Brasseur dans la vie.

« Son rêve était d'avoir un théâtre avec une troupe, dira Odette Joyeux. Il a essayé, mais il n'avait pas les qualités d'un directeur. Il lui aurait fallu plus de discipline sur lui-même pour pouvoir en imposer aux autres. Il ne manquait pourtant pas d'idées, de culture et de goût, mais cela ne suffit pas. »

Pierre Brasseur, à force de coups de gueule, de frasques et de comédies, devient l'une des plus vivantes personnalités du spectacle. Mais tout le monde associe son caractère à ses extravagances. On le croit sûr de lui, arrogant, matamore. Catherine Sauvage, qui a été sa compagne pendant huit ans, fait un portrait différent :

« Il était très discret, très inquiet en privé. Quand il devait faire une interview pour la télévision, je ne parle même pas de jouer une dramatique, il n'en dormait pas de la nuit. »

« Pierre n'est pas un alcoolique. Il a seulement besoin de liquide », écrit son ami Claude Dauphin dans son très beau livre *Les Derniers Trombones.* La boisson préférée de Brasseur est le PKLG, un cocktail à base de Picon, de kirsch, de lait chaud et de gin. Tous ces ingrédients doivent être versés en quantités égales et à la bonne température, c'est indispensable. Un patron de bistrot s'est retrouvé un jour avec deux dents en moins parce qu'il avait mal préparé un PKLG. Le bougnat avait mis du lait tiède.

« Ça détruit l'arôme! » avait hurlé Brasseur.

Le soir où Pierre fait découvrir le PKLG à Claude Dauphin, la soirée se passe dans un cabaret très élégant. Il est 3 heures. Un aristocrate russe leur ouvre la porte, la salle semble vide. Seuls, deux gentlemen et deux femmes du monde étirent laconiquement une conversation de fin de soirée. Brasseur et Dauphin sont conduis à leur table, tandis que le maître d'hôtel leur chuchote à l'oreille :

« Ce soir, j'ai du beau monde. »

En effet, à travers les vaporeuses pensées créées par les PKLG et le champagne, nos deux comédiens reconnaissent parmi les convives deux personnalités royales. Depuis des semaines, tous les journaux parlent d'elles. La télévision vient de retransmettre leur mariage en direct dans le monde entier. Il s'agit du duc de Kent et de la princesse Marina, accompagnés d'une dame d'honneur et d'un écuyer. Le duc et la princesse sont à Paris en voyage de noces. Brasseur est attendri par ces personnages qui viennent au monde avec un premier rôle. Il les regarde se lever pour prendre congé. Le propriétaire du cabaret efface les chaises derrière eux avec la souplesse des gestes d'un ballet bien réglé tandis que l'écuyer et la dame d'honneur organisent le vestiaire. Puis la famille royale se prépare à quitter l'établissement en toute simplicité pour rentrer se coucher. À leur passage, Pierre lève respecteueusement son verre. L'air grave, superbe et majestueux, il porte un toast vers le couple qui passe devant lui et il entonne comme une réplique de Boulevard :

« Bonne bourre, duc! »

Dalio racontera que la boisson donnait à Pierre du courage.

« À jeun, il avait peur de tout. Mais il pouvait absorber des barils d'alcool. Il connaissait tous les petits secrets pour passer les gueules de bois. »

Dans sa loge, Brasseur met souvent une grande bouteille d'eau en évidence sur la table. Et puis, par terre ou sous un meuble, les habitués savent voir une bouteille de vin ou d'alcool difficilement accessible. C'est sa façon de lutter contre lui-même pour boire avec modération. Sa seconde femme, la pianiste Lina Magrini a une grande influence sur ce travers. À l'époque où il vit avec elle, Pierre semble plus apaisé. Il joue *Le Partage de midi* de Paul Claudel et le *Dom Juan* d'Henry de Montherlant, qui n'aura aucun succès.

« J'ai dit à Montherlant, qui me reprochait de mal jouer : “ Votre rôle est mauvais, il faut que je sois mauvais. Si j'étais bon, je trahirais l'auteur. ” »

De théâtre en studio, Brasseur mène une prodigieuse vie d'acteur. Au fil des années, il mûrit dans son art et devient ce que Jean Cocteau appelait un « monstre sacré ». Son fils parle de la façon de travailler de son père.

« Quand il allait jouer une pièce, il demandait à la troisième répétition qu'on lui donne trois textes de l'auteur. Tout le monde était étonné par ce comportement. On se demandait ce qu'il pouvait en faire d'autant qu'il traînait toujours le même exemplaire avec lui. Une brochure cornée, fatiguée, maculée de toutes les taches attrapées sur les zincs des bistrots. C'était sa brochure. Les deux autres, on ne les voyait jamais. Elles étaient chez lui dans son bureau toutes noires de notes. Il y incrivait ses idées, ses souvenirs, des moments passés en rapport avec telle ou telle scène. Les textes devenaient illisibles à force d'être recouverts d'annotations. Au théâtre, on ne connaissait que la brochure *J'm'en foutiste*, celle que la légende Brasseur laissait voir. Le travail intérieur de l'acteur restait une affaire intime que sa grande pudeur ne découvrait jamais. »

D'imprésario, Pierre n'en veut pas. Il estime que ce serait une sorte de contrôle de sa carrière, de sa vie, et des choix des pièces et des films qu'il entend faire. C'est l'homme des coups de foudre. Il peut refuser un cachet faramineux pour un film et accepter de jouer une pièce pour un copain ou un inconnu duquel il se sent proche des goûts artistiques.

Parlant du métier, Brasseur aime faire la part des choses.

« Il y a les intentions et l'exécution. Entre les deux, c'est là que se situe le talent. »

Autrement dit : tout le monde a de bonnes idées, mais peu d'artistes sont capables d'en faire des chefs-d'œuvre.

Pierre continue de traverser la vie comme une scène de théâtre. Il garde toujours une réplique dans sa barbe, un rôle pour une femme, son cœur pour un ami et une farce dans la tête. Dalio se souvient d'un certain soir dans un grand hôtel de Deauville, son ami voyant une blonde au brushing flamboyant assise à une table voisine.

« Brasseur avait commandé des spaghetti. Quand le garçon a posé le plat sur la table, il l'a attrapé et se l'est renversé sur la tête en regardant la blonde dans les yeux pour lui dire : “ Vous voyez, il n'y a pas que vous qui êtes allée chez le coiffeur! ” »

Mais Pierre n'a plus vingt ans. La vie lui joue aussi des tours. En 1972, il tombe gravement malade au cours d'une tournée théâtrale au Canada. Fatigué par le voyage, il arrive à Montréal dans un état alarmant.

« On aurait dit qu'il avait cent ans », diront ses amis.

Il tient à jouer malgré tout. Il réussit l'effort surhumain de tenir jusqu'au bout de la première représentation. Mais il faut l'hospitaliser d'urgence. Contre toute attente, il se remet miraculeusement en un mois. Brasseur vient de croiser la mort.

« La mort, elle ne peut pas m'attraper, répète-t-il toujours à Dalio. Je fais trop de choses. Je ne reste pas en place. Elle ne sait jamais où je suis. »

« C'est vrai, raconte Marcel. Il peignait, il écrivait, il sortait avec des négresses, il faisait n'importe quoi, parfois des choses dont il n'avait même pas envie. Il dépensait sa vie. »

Lundi 14 août 1972, Pierre Brasseur tourne un film en Italie. Dans la distribution, il retrouve Claude Dauphin, Michel Simon et Charles Vanel. Ce soir-là, Pierre ne va pas bien. Il n'a rien pu manger de la journée. Le soir, à la terrasse de l'hôtel, il a du mal à finir son troisième verre d'alcool. Claude Dauphin lui conseille d'aller se coucher. Il accepte le conseil sans maugréer. Mauvais signe. Quelques minutes plus tard, la femme qui l'accompagne redescend, affolée, de la chambre.

« Pierre est mourant. Il cherche sa respiration comme s'il étouffait. »

Ses amis appellent d'urgence un médecin. Quand ils montent dans la chambre, ils le trouvent sans vie. Brasseur vient de se faire rattraper par la mort. Au même moment, une servante de l'hôtel entre dans la chambre. Ignorant tout, elle apporte une bouteille de champagne que Pierre vient de commander avant de mourir.

ALFRED HITCHCOCK

ALFRED HITCHCOCK N'A PAS SIX ANS QU'IL SE retrouve en prison. Il n'a pas volé, ni causé d'accident, ni blessé quelqu'un. Lui-même ne se souvient pas très bien de sa faute. Toujours est-il que son père lui remet un jour pour le punir d'avoir fait une bêtise une lettre qu'il doit porter au commissaire de police du quartier.

Alfred exécute l'ordre, remet le message au policier et s'en va. Mais, au moment de repasser la porte, le commissaire le rappelle. Il prend l'enfant par le bras et le conduit dans une cellule dont il referme le verrou avec soin devant les yeux incrédules de l'enfant.

« Tu n'as pas été sage. Ton père m'a demandé de montrer ce qu'on fait aux garçons qui désobéissent. On les enferme comme toi en ce moment. Ils vont en prison ! »

Anecdote ou fait réel, personne ne saura si cette aventure dont Hitchcock parlera toute sa vie illustre des méthodes d'éducation dont il aurait souffert ou bien s'il ne s'agit que de l'une des nombreuses histoires que le maître du suspense aimait raconter. Comme celle-ci qui restera l'un de ces récits favoris : un petit garçon juif qui ne réussit pas à l'école est envoyé dans une école catholique réputée très sévère. Quelques semaines plus tard, il revient chez lui avec son premier bulletin de notes. Il est excellent et témoigne de la satisfaction générale de ses professeurs. Ses parents le félicitent, pensent avoir enfin trouvé un établissement capable d'éduquer leur enfant, mais sont tout de même chagrinés à la pensée qu'il s'agisse d'une école catholique. Ils interrogent le petit en lui faisant remarquer qu'il aurait pu obtenir d'aussi bons résultats dans une école juive :

« Non, répondit-il. Parce que, là-bas, ils nous montrent tout le temps le Christ. Et quand je vois ce qu'ils lui ont fait, je sais ce qui m'attend si je ne travaille pas bien! »

La famille Hitchcock n'est pas juive, mais catholique et anglaise. Alfred est né à la veille du XXe siècle, le 13 août 1899. Son père est importateur de fruits et vend aussi des volailles. Il passe pour un commerçant aisé, fier de l'éducation bourgeoise et puritaine qu'il donne à ses trois enfants. Alfred a un frère et une sœur. De sa mère, il garde un souvenir étrange. Il se rappelle avoir été réveillé en pleine nuit de Noël par quelqu'un qui était entré dans sa chambre. On pense tout de suite à l'un de ses parents venu déposer des jouets à la place du Père Noël. Non, Alfred a bien reconnu sa mère, mais, au lieu de mettre des cadeaux au pied de son lit, elle retirait ceux qui y étaient déjà pour les déposer dans les souliers de son frère et de sa sœur! Étrange cauchemar ou réalité difficile à supporter, cette scène ressemble à l'univers de ses films.

Sa jeunesse, elle non plus, n'est pas très éloignée de ses histoires favorites. Il passe l'essentiel de ses premières années dans un collège religieux tenu par des jésuites. Bon élève, toujours dans les cinq premiers de la classe, mais jamais en tête.

« Il est trop distrait », disent ses professeurs.

« Solitaire aussi et peureux, avoue plus tard le maître du mystère. J'étais terrorisé par les châtiments corporels que nous devions subir à la moindre faute. Les jésuites se servaient de la férule, un instrument barbare en caoutchouc très dur qui provoquait des souffrances terribles et laissait des marques longtemps. Le châtiment n'était pas donné sur-le-champ. C'était comme une décision de tribunal. Un père inscrivait votre nom sur un registre noir, et il fallait attendre le jour et l'heure de la sentence qui se déroulait en public. Le plus cruel, c'était cette attente. On ne pensait qu'à cela toute la journée. »

Les oiseaux qui entourent leur proie et qui ont l'air de se réjouir de la curée qu'ils vont faire, l'angoisse du danger qui monte en même temps que la victime présumée monte les marches de l'escalier, c'est un moment que l'on retrouvera souvent dans les films de Hitchcock. L'attente constitue l'essentiel de l'angoisse.

Le plus grand plaisir du petit Alfred est de parcourir Londres dans tous les sens. Il connaît toutes les lignes de bus et se passionne pour tous les quartiers de la ville comme un ethnologue. L'endroit qu'il préfère est le port, les bateaux le fascinent. Il passe des heures, assis sur le quais de la Tamise à regarder manœuvrer et décharger les gros cargos ventripotents. Dans sa chambre, il a collé au mur une immense carte maritime et, à l'aide des bulletins communiqués par la Lloyd, il épingle la position des navires qui traversent l'Atlantique. Alfred ne parle pas d'être marin, encore moins de travailler dans la police. Les crimes ne l'intéressent pas. Il veut devenir ingénieur.

A dix-neuf ans, Hitchcock est diplômé d'une école d'ingénieurs et travaille à la Compagnie télégraphique Hanley. Son rôle consiste à étudier la mise en place des câbles sous-marins. Parallèlement, il suit des cours à l'université des beaux-arts, où il perfectionne ce qu'il gardera comme une passion sa vie durant : le dessin. Tous ses collaborateurs de Hollywood seront émerveillés par les découpages de ses films. Ils restent dans la mémoire des techniciens et des scénaristes comme de véritables bandes dessinées prêtes à tourner.

Depuis l'âge de seize ans, Alfred s'intéresse au cinéma. Il aime les films américains de Griffith, Charlie Chaplin, Buster Keaton, Douglas Fairbanks et Mary Pickford. Il est abonné à une quantité de magazines de cinéma. Pas les revues qui évoquent la vie pseudo-scandaleuse des vedettes. Non, il reçoit la presse professionnelle. Pour lui, le cinéma est un métier. Une profession qu'il voudrait bien exercer. Alors, il oriente sa carrière vers ses qualités artistiques. Il propose à son employeur des projets d'annonces publicitaires pour des câbles sous-marins. Ses idées brillantes et ses talents d'illustrateur lui permettent d'entrer au service de publicité. Le premier pas est fait. La seconde et définitive démarche viendra le jour où il apprendra que la compagnie américaine de production Famous-Players-Lasky, que l'on connaîtra mieux plus tard sous le nom de Paramount, ouvre des studios à Londres. Grâce à ses chers journaux professionnels, Hitchcock s'informe sur les productions qui vont être en chantier, puis il se met au travail. Il a décidé de dessiner des banc-titres qui servent au cinéma muet à situer l'action en cours de film. Alfred imagine des illustrations pour accompagner les textes de transition. Par exemple, lorsque sur le panneau il est écrit : « Georges menait une vie dissipée », Hitchcock dessine en marge une chandelle avec une flamme à chaque bout. Son humour anglais séduit les producteurs américains.

De nombreux témoins feront état de cette façon de toujours se comporter dans la vie avec humour. Par exemple, le comédien Michel Subor raconte que, lors de sa première entrevue avec Hitchcock, le jour où il l'a engagé pour tourner *L'Étau*, il est monté dans l'appartement de l'hôtel où il avait donné rendez-vous et, lorsqu'il est arrivé à l'étage, il a vu au fond du couloir un homme de profil attendant au garde-à-vous devant la porte de sa chambre : Hitchcock lui-même, comme s'il répétait une scène de suspense destinée uniquement à amuser son visiteur.

« Il était drôle dans la vie, dit Brigitte Auber. Il jouait un personnage : le petit gros qui fait des plaisanteries à quatre sous pour déstabiliser tout le monde. On est troublé. On ne sait plus quoi dire. Ça l'amuse. Je suis sûre qu'il devait être capable de raconter des histoires cochonnes à ses copains. »

A vingt-trois ans, Hitchcock avoue n'être jamais sorti avec une fille et n'avoir jamais bu un verre d'alcool. En revanche, il tourne son premier film. Le scénario a été écrit par une femme qui est connue pour avoir été une collaboratrice de Chaplin. Or, à cette époque-là, la rumeur qui fait l'opinion publique estime que tous ceux qui ont travaillé avec le père de Charlot ont forcément du génie. En réalité, Alfred s'aperçoit vite que le sujet qu'il tourne n'est pas bon. Le film ne sera jamais terminé, et la compagnie américaine fermera ses studios londoniens. Dommage pour « Hitch » à qui le cinéma plaisait bien!

Il va néanmoins poursuivre son début de carrière dans une compagnie britannique. Cette fois, il est lui-même scénariste, dialoguiste, décorateur et metteur en scène. À ses côtés, une jeune femme se charge du montage : Alma Reville. Elle va prendre beaucoup d'importance dans son travail. Elle restera sa collaboratrice toute sa vie. Dans son intimité, elle jouera également un grand rôle puisqu'elle va devenir sa femme.

Amoureux d'Alma, Alfred est angoissé à l'idée de le lui avouer. Conscient de sa laideur et hanté par le pouvoir que le sexe féminin exerce néanmoins sur lui comme sur tous les hommes, il cache ses sentiments aussi longtemps qu'il le peut. Cela va durer un an et demi. Enfin, il se décide au cours d'une traversée de la Manche sur un bateau qui vogue vers l'Angleterre un jour de tempête. Les éléments déchaînés lui ont-ils donné du courage. Toujours est-il qu'il se décide enfin à parler à Alma, persuadé qu'elle va l'éconduire. À sa grande surprise, la jeune Anglaise lui avoue partager les mêmes sentiments. Ils se fiancent et entament de longues et chastes fiançailles qui se termineront en point d'orgue par un mariage le 2 décembre 1926 dans une petite chapelle britannique.

Entre-temps, Alfred et Alma auront fait un film ensemble : *The Pleasant Garden.* C'est leur premier film important. Les scènes extérieures sont tournées en Italie. La vedette principale est une Américaine de Hollywood. Hitchcock n'a que vingt-six ans. Il se considère encore comme un débutant. Mais diriger des acteurs expérimentés ne l'effraie pas autant que la peur de ne pas maîtriser son budget. Sa crainte est de voir l'argent qui lui est alloué pour le tournage fondre avant d'avoir pu terminer le film car rien n'est prévu en cas de dépassement. Or il peut y avoir des imprévus..., il va y avoir des imprévus, à commencer par la douane. Un représentant de la compagnie de production recommande à Hitchcock de passer la caméra sans la déclarer.

« Sinon, ils vont vous faire payer une taxe sur chaque objectif, lui dit-on. Il ne vous restera plus assez d'argent pour le tournage. »

Alfred s'inquiète. Il tourne dans son compartiment à la recherche d'une solution.

« Où se trouve la caméra? demande-t-il.

– Mais sous votre couchette! »

L'angoisse de l'attente revient comme au collège. Quand les douaniers montent dans le train, monte en lui un suspense digne de l'une de ces situations qu'il adorera mettre en scène dans ses films.

Ses amis raconteront que, pour rien au monde, il n'aurait oser braver la moindre loi. Il ne lui serait pas venu à l'idée, par exemple, de garer sa voiture dans un endroit interdit. Claude Chabrol qui le rencontrera à Hollywood dit :

« Il avait sa morale. Une morale qu'il exprimait d'une façon très simple : il ne faut pas avoir affaire à la police. »

Après le passage à la frontière qui finalement se déroule sans encombre, Hitchcock rencontre de nouvelles aventures. En Italie, il se fait voler de l'argent dans sa chambre en pleine nuit. Nouvelles sueurs froides car, dit-il, le lendemain matin :

« J'aurais pu me réveiller au moment où le voleur était là, et il m'aurait sûrement assassiné! »

Alfred entreprend enfin le tournage de son film. Il oublie un moment les problèmes que lui pose l'argent perdu, mais surviennent d'autres difficultés. Il a engagé une jeune actrice allemande pour jouer une scène aquatique. Il est donc prévu dans le scénario que la jeune femme se jette à l'eau. Hitchcock se prépare à tourner quand arrivent l'actrice et l'opérateur avec un air désolé.

« Qu'est-ce qui se passe? leur demande Alfred.

– Eh bien, répond l'homme avec hésitation..., c'est à propos du bain. C'est impossible.

– Comment c'est impossible. Ce n'est pas difficile de sauter à l'eau. C'était prévu, non?

– C'était prévu, mais, maintenant, ce n'est plus possible, répète timidement la jeune Allemande.

– Vous ne comprenez pas, insiste l'opérateur en

prenant un air sous-entendu. Ce n'est pas le moment.

– Je ne comprends rien à cette histoire! » s'écrit Hitchcock, flegmatiquement furieux de se laisser retarder dans le programme de sa journée de tournage.

Son interlocuteur s'approche alors de lui et, patiemment, avec de nombreuses périphrases, explique au metteur en scène les indispositions inhérentes à la condition féminine. Alfred écoute attentivement, découvrant subitement tout un monde qu'il ignore encore à vingt-six ans.

Une autre actrice remplace la fille indisponible. Les ennuis ne cessent pas pour autant. Elle peut plonger, sauter, nager à volonté. Mais sa corpulence pose un nouveau problème : son partenaire ne peut pas la porter!

Londres, 17 heures, un après-midi d'hiver, une fille blonde hurle de terreur. La police arrive. On la retrouve assassinée. Les journalistes font courir la nouvelle sur tous les téléscripteurs. L'angoisse monte dans le public. La police, les reporters et les voisins de la victime mènent l'enquête. On apprend que l'assassin est un homme, un maniaque. Il a déjà tué plusieurs fois. Toujours un mardi et toujours des femmes, mais seulement des blondes. En apprenant cela, toutes les blondes de la ville sont prises de panique. Les brunes s'amusent..., soulagées d'apprendre que toute cette mise en scène n'est qu'un film. Nous sommes en 1926. Hitchcock tourne *Le Lodger*, son premier scénario à suspense, il y affine son style. Presque tout le récit est fondé sur la découverte de Jack l'Eventreur, ce maniaque qui tue les blondes à l'heure du thé. Les soupçons pèsent sur le nouveau locataire d'une petite pension de famille. Le personnage est joué par Ivor Novello, une grande vedette de l'époque. Donc, le locataire doit forcément se retrouver innocent à la fin du film. Alfred aurait aimé laisser planer un doute. Les producteurs ont refusé. Le public n'accepterait pas qu'un jeune premier soit l'assassin. Une règle que Hitchcock ne pourra jamais transgresser. Dans *Soupçons*, par exemple avec Cary Grant, le scénario est tiré d'un roman. Le personnage est un fils de famille sans scrupule et incapable de vivre honnêtement. Il se révèle être un assassin. Il tue sa femme pour toucher l'assurance en lui faisant boire un verre de lait empoisonné et elle se laisse mourir par amour. Hitchcock a fait une première adaptation qu'il a tournée. Cary Grant tue sa femme et, à la fin du film, pris de remords, il poste une lettre pour avouer son crime. Les censeurs de Hollywood refuseront cette version. Cary Grant ne peut pas être un meurtrier.

Lorsque le premier film à suspense de Hitchcock est projeté devant les représentants de la compagnie de distribution, tout le monde le trouve lamentable. À sa sortie, le public et les critiques britanniques le considèrent comme le meilleur film de l'époque. Fort de cette réussite, Alfred ne se lance pas immédiatement dans le film noir. Il n'établit pas encore un rapport direct entre son succès et sa façon de traiter une histoire policière. Il réalise d'autres films, très différents, avec, pour intrigues, des amours contrariées. C'est encore l'époque du cinéma muet. Ses œuvres n'ont pas de succès et souvent, avouera-t-il plus tard, ne sont pas réussies malgré quelques idées originales comme celle d'un homme qui zigzague en se déplaçant sur le pont d'un bateau à quai et qui marche droit lorsque le bateau est en mer et tangue sous la houle.

Vient alors en 1929 son premier film parlant *Blackmail*, qui sera repris en français sous le titre de *Chantage*. Le ton change. Hitchcock revient à l'histoire policière, au meurtre qui entraîne ses personnages dans d'inextricables cas de conscience. *Blackmail* est très remarqué. Les spectateurs se précipitent dans les salles. À partir de ce moment-là, Alfred comprend. Il sent sa voie : le crime. Le genre policier est fait pour lui, à moins que cela ne soit le contraire.

Au mois d'août 1938, Hitchcock reçoit un télégramme de Hollywood. Le producteur David O. Selznick lui demande de venir travailler aux États-Unis. Alfred va avoir quarante ans. Il accepte et consacre les quelques mois qui lui restent avant son départ pour Hollywood à tourner une histoire de pirates : *La Taverne de la Jamaïque*.

« Il détestait les films en costume, confie une de ses amies Odette Ferry. Il me l'a répété plusieurs fois : " Dans les films en costume, on a l'impression que jamais personne ne va aux toilettes. " »

À Hollywood, les Hitchcock s'installent dans le quartier chic de Bel-Air. Ils ont fait construire une grande maison qui leur rappelle leur manoir anglais. Claude Jade, qui a été invitée par le couple à l'occasion du tournage d'un film, décrit l'endroit comme un charmant cottage.

« On retrouvait les grands fauteuils à fleurs que l'on voit dans les intérieurs anglais, les meubles d'acajou verni et de très beaux tableaux. Mais ce qui était le plus étonnant, c'était la cuisine. On se serait cru dans un grand restaurant. Il y avait des fours pour toutes sortes de cuisson, des ustensiles-gadgets comme les couteaux qui sortaient tout seuls en appuyant sur un bouton. Et puis la cave. Elle n'avait rien d'inquiétant comme dans ses films, mais c'était un modèle d'organisation avec des rayonnages de grands crus prestigieux et lui, comme un enfant ravi de vous montrer ses jouets, il tournait les bouteilles d'un quart de tour d'un air satisfait et gourmand. Alfred adorait faire visiter sa maison. »

« Hitchcock était un homme qui vous demandait au milieu de la journée, entre deux prises de vues, ce que vous alliez manger le soir, se souvient Michel Subor. Il était obsédé par la nourriture et les grands vins. »

A la fin de 1939, Alfred tourne *Rebecca*, un film tiré du célèbre roman de Daphné du Maurier. Le sujet a été choisi par David O. Selznick. Il espère renouveler l'énorme succès qu'il est en train d'obtenir avec l'adaptation du roman de Margaret Mitchell : *Autant en emporte le vent*. Hitchcock a écrit un scénario à sa manière en se libérant du récit pour y introduire son univers. Selznick réagit violemment. Il refuse. S'il a acheté très cher les droits d'adaptation, c'est bien pour que le public retrouve une histoire qu'il a aimée. Alfred refait sa copie. Mais, entre le producteur et lui, les échanges de communication ne se feront plus que par notes interposées. Malgré cela, *Rebecca* obtient l'Oscar du meilleur film en 1940. Hitchcock peut rester travailler à Hollywood. Il vient de prouver qu'il peut avoir du succès en Amérique.

Alfred aime bien tourner à Hollywood. Il apprécie les moyens techniques que peuvent offrir les grands studios. Et puis, avec le nombre considérable d'acteurs que les grandes compagnies ont sous contrat, Hitchcock n'a pas de difficulté à trouver son genre d'actrice préférée : les grandes blondes avec un joli visage et des manières réservées.

Son choix repose sur une théorie bien établie. Il n'aime pas les vamps, les sex-symbols, les miss Monde qui dévoilent tous leurs charmes et leurs appâts en public. Il recherche les femmes à l'aspect frigide, blondes et froides, comme peuvent l'être les Nordiques, car, dit-il : « Tout le feu est à l'intérieur. Avec ce genre de femmes tout peut arriver. Quand elles se retrouvent seules dans un taxi avec un homme, elles sont capables de se jeter sur sa braguette. »

« Voilà textuellement ce que disait Hitchcock à ce sujet », confirme l'une de ses amies.

Pour interpréter le rôle principal de son deuxième film à Hollywood, Alfred Hitchcock va trouver Gary Cooper. Il veut lui faire jouer un journaliste mêlé malgré lui à une histoire d'espionnage. Gary Cooper refuse. Le film d'aventure ou le film noir est considéré à l'époque comme un genre secondaire. Cooper est une trop grande vedette pour accepter de figurer dans une œuvre de série B. Joel Mc Crea le remplace dans *Correspondant 17*, qui a pour toile de fond la résistance contre le nazisme. Le succès du film contribuera à l'engagement des États-Unis dans la Seconde Guerre mondiale. La dernière scène ressemble à un appel de détresse. Le correspondant parle en direct d'un studio londonien tandis que la ville est sous les bombes. On peut imaginer qu'Alfred en tournant cette séquence pensait à la destruction de sa ville natale et aux souffrances de ses compatriotes. Goebbels à qui *Correspondant 17* est projeté est à la fois séduit par la force de conviction du discours et profondément irrité par son effet pernicieux contre l'Allemagne. Démocrate convaincu, Hitchcock s'engagera à travers son œuvre contre tout totalitarisme. Son opinion face au communisme pendant la guerre froide sera aussi intransigeante que sa volonté de combattre les nazis.

Le maître du mystère fait du cinéma avec le même sérieux qu'un auteur dramatique s'attache à sa pièce. Il méprise les acteurs et les écrivains qui font du cinéma uniquement pour gagner de l'argent. Il déteste ces auteurs new-yorkais qui se font faire des contrats de trois mois par les compagnies de Hollywood pour passer l'hiver au soleil de Californie. Cela lui rappelle ces comédiens qui, en Angleterre, le forçaient à tourner très vite les scènes de ses films car ils ne voulaient pas se fatiguer pour jouer le soir au théâtre. Nombreux ceux qui en ont déduit que Hitchcock n'aimait pas les acteurs.

« Souvent, il les méprisait. Cela ne fait aucun doute », diront la plupart de ceux qui tourneront avec lui.

Brigitte Auber se souviendra par exemple d'une dispute à propos d'une scène qui, à son avis, demandait des éclaircissements qu'aurait donnés n'importe quel autre réalisateur. Le scénario prévoyait le meurtre d'un homme jeté d'une falaise par deux assaillants. Or rien ni personne ne permettait d'expliquer cet assassinat dans le film.

« Je lui ai demandé qui était cet homme, qu'est-ce qu'il venait faire dans le récit? Il m'a répondu : " Je ne sais pas. Mais ne t'inquiète pas, c'est très bien. Le public va penser que c'est du suspense. Il va chercher une piste. Ça suffit. " »

Alfred pense au grand public. Il refuse de travailler pour une minorité d'esthètes qui s'interrogent sur le signifiant et le signifié de ses images.

« Je veux que des millions de gens viennent voir mes films », aime-t-il répéter.

En 1941, Hitchcock tourne sa première et unique comédie américaine : *Mr. et Mrs. Smith.* C'est un genre qui ne lui est pas familier et qu'il n'aime pas beaucoup. S'il a accepté, c'est pour faire plaisir à sa grande amie Carole Lombard. Pour illustrer leur complicité dans l'humour, Claude Chabrol évoque cette anecdote.

« Un jour, Alfred, toujours tendre envers les acteurs, les avait traités de bétail en appuyant le trait pour les femmes qu'il avait comparées à des vaches. Le lendemain, Carole Lombard était arrivée au studio avec une cloche autour du cou et s'était enfermée dans un petit enclos attendant que le metteur en scène veuille bien venir la chercher pour aller travailler! »

1943, le film *Lifeboat* sort à New York. Hitchcock a cette fois filmé une histoire en vase clos. Il s'agit du drame que vivent les survivants d'un naufrage au milieu de l'Atlantique, échoués dans un canot de sauvetage. On reconnaît une femme du monde, un marin, un steward noir, un communiste, un commandant de sous-marin allemand. Tout le monde accepte de laisser la barre de l'embarcation à l'Allemand. Il est le plus qualifié. Mais la sortie du film a lieu en plein conflit mondial. Alfred y voit un symbole : le naufrage des démocraties face au nazisme. Les nations doivent s'unir pour combattre le totalitarisme.

Côté réalisation, *Lifeboat* est une gageure. Toutes les scènes n'ont pour seuls décors qu'un canot de sauvetage et l'étendue monotone de l'océan. Le plus gros problème que rencontre le metteur en scène vient de lui-même. Comment Hitchcock va-t-il se mettre dans le film? Il n'a pas l'intention d'interpréter un personnage de l'action, mais, comme il en a l'habitude, il aimerait apparaître furtivement dans une séquence. En général, il se fond dans la figuration. Il prend la place d'un passant, d'un voyageur ou d'un homme de la foule. C'est devenu un jeu pour le spectateur de le débusquer au hasard d'une image. Dans *Lifeboat*, c'est difficile. Il n'y a pas de figurant. Personne ne se promène sur la mer. Il pense bien jouer le rôle d'un cadavre qui flotterait le ventre en l'air après le naufrage, mais il craint de se noyer au cours du tournage. Il finit par trouver une idée. L'un des passagers trouve parmi les objets qui encombrent le fond du canot un vieux journal. Il le déplie pour le lire. Les spectateurs découvrent alors en première page une annonce publicitaire qui vante les bienfaits d'un produit pour maigrir. On voit un bonhomme ventripotent avant et après la cure. C'est

Hitchcock! Alfred a eu cette idée car, au moment du tournage de *Lifeboat*, il essayait de perdre du poids avec comme objectif de se limiter à cent kilos au lieu de ses habituels cent cinquante kilos.

La statue imaginée par Salvador Dalí craque de toutes parts. De petites fissures fines comme des vaisseaux capillaires envahissent lentement son corps. Une pression irrésistible venue de l'intérieur déchire la surface de marbre qui se lézarde. Bientôt apparaissent des centaines puis des milliers de crevasses. Leur nombre est si effrayant qu'on distingue à peine le visage de la femme de pierre. Alors la caméra laisse découvrir avec horreur que le corps est en chair et en os et que des insectes grouillent sur la tête d'Ingrid Bergman. Cette scène ne pourra jamais être réalisée. Techniquement, c'est encore impossible à Hollywood. Les rêves délirants de Salvador Dalí combinés à l'imagination diabolique d'Alfred Hitchcock dépassent les possibilités techniques des grands studios. Cette idée aurait dû s'intégrer au film *La Maison du docteur Edwards*.

Pour tourner *La Maison du docteur Edwards*, Hitchcock a demandé à David O. Selznick de travailler avec Salvador Dalí. Le producteur a accepté, certain qu'un grand nom de plus au générique ne nuirait pas au lancement du film. Alfred veut tourner des rêves. L'intrigue se déroule sur fond de psychanalyse, mais l'action reste policière : une chasse à l'homme dont est victime Gregory Peck, également une histoire d'amour. Gregory Peck a pour partenaire Ingrid Bergman.

Ingrid est l'idéal féminin pour le maître du suspense : cette femme du Nord qui ne laisse percevoir ses sentiments que dans l'action. L'actrice fera plusieurs films qui obtiendront beaucoup de succès avec Hitchcock, elle parlera de la malice de son metteur en scène en évoquant une scène de *La Maison du docteur Edwards* :

« Alfred était très minutieux quand il préparait une séquence. Tout était inscrit dans le script : costumes, accessoires, situations, mouvements. Nous n'avions qu'à lire, mais il nous arrivait d'avoir des idées différentes, de vouloir infléchir ce qui était écrit. Hitchcock devenait alors féroce, et naissait une dispute. Je me souviens par exemple de notre première dispute. C'était en 1945 au cours du tournage de *La Maison du docteur Edwards.* Je n'arrivais pas à exprimer une émotion que le script indiquait. Je ne la ressentais pas. Alors Alfred est venu s'asseoir en face de moi et il m'a dit de sa voix caractéristique un peu pâteuse : " Ingrid, tu n'as qu'à tricher! " »

Entre l'actrice suédoise et le réalisateur anglais s'établit rapidement une profonde amitié. Ingrid racontera dans ses Mémoires ses fréquentes visites au couple Hitchcock à Bel-Air. Elle se rappelle les dîners mémorables avant lesquels Alfred entrait dans son congélateur grand comme un double living. Il parcourait la pièce comme un guide suivi de sa cuisinière et, tout en marchant, il montrait les morceaux de viandes qu'il voulait se faire préparer pour son repas.

En société, Hitchcock passe pour quelqu'un de très drôle avec un humour anglais décapant.

« Quand il était de bonne humeur, ce qui lui arrivait souvent, dira son amie Odette Ferry, Hitch aimait faire des blagues et en particulier vous raconter la dernière histoire qu'il avait entendue. Par exemple, il adorait celle-ci, qui se déroule à l'époque où la ségrégation raciale aux États-Unis ne souffrait aucun compromis possible : un voyageur de commerce arrive un soir dans une ville qu'il ne connaît pas, il cherche un hôtel pour la nuit. Tous les établissements fréquentés par des Blancs sont complets. Il tente sa chance dans un hôtel réservé aux Noirs. On le refuse sous prétexte qu'il est blanc. Décidé à ne pas passer la nuit dehors, il se maquille le visage avec un bouchon brûlé et réussit à se faire accepter. Avant de monter dans sa chambre, il insiste auprès du veilleur de nuit pour que celui-ci n'oublie pas de le réveiller le lendemain matin à 6 heures. Il est 6 h 30 lorsqu'il entend frapper à sa porte. L'hôtelier a une demi-heure de retard. Il s'affole, ne prend pas le temps de se débarbouiller, descend dans la rue, prend un taxi et se retrouve à la gare juste à temps pour prendre son train. Installé comme prévu dans un compartiment pour Blancs, il se fait interpeller par le contrôleur, qui le prie de changer de wagon et d'aller occuper une place réservée aux Noirs.

« “ Mais non, vous faites une erreur, je suis blanc. Regardez! ”

« L'homme soulève alors sa manche pour montrer sa peau..., une peau qui se révèle être aussi noire que son visage. Il constate, éberlué, qu'il est noir.

« “ Ça y est je comprends, se dit-il. À l'hôtel, ils se sont trompés de gars quand ils m'ont réveillé! ” »

En 1945, Alfred Hitchcock apprend par l'un de ses amis que, quelque part dans le Nouveau-Mexique, des savants travaillent au milieu du désert sur un projet ultrasecret. Jamais personne n'est autorisé à sortir de la base scientifique pour que ne filtre aucune information. On parle de secret militaire. Au même moment, les Allemands font des expériences sur l'eau lourde. On parle d'un projet terrifiant. Hitchcock, lui, prend rendez-vous avec la plus haute autorité scientifique américaine : le docteur Milliken. Dans son bureau, à l'ombre du buste d'Einstein, le savant est pris de panique lorsque le metteur en scène pose sa première question :

« Dites-moi, docteur, une bombe atomique, c'est grand comment? »

Après cette entrevue, Alfred va être surveillé par le FBI pendant des mois, qui se demande où il a pu trouver l'idée de faire un film d'espionnage en se servant de l'uranium comme moteur de l'intrigue.

« Des gens qui se battent pour de l'uranium, c'est ridicule! » s'exclame O. Selznick.

Le producteur s'empresse de revendre le scénario à une autre compagnie de Hollywood. Mauvaise idée. L'affaire aurait été excellente. Le film *Les Enchaînés* coûtera 2 millions de dollars et rapportera 8 millions de dollars de bénéfices nets. Quant à l'uranium, le monde entier découvrira son usage quelques mois plus tard quand un avion américain lâchera sur Hiroshima la première bombe atomique.

Pour certains, *Les Enchaînés* est le plus grand film réalisé par Hitchcock. La trame de l'histoire est simple : deux hommes sont amoureux de la même femme, Ingrid Bergman. L'un, Cary Grant, est agent du gouvernement. L'autre est joué par Claude Rains. Il est soupçonné de servir de couverture à une organisation nazie. La mission d'Ingrid Bergman consiste à devenir la maîtresse du traître pour lui tirer un maximum de renseignements qui serviront à démanteler le réseau. Mais la nature humaine s'en mêle. Claude Rains tombe amoureux d'Ingrid, il la demande en mariage. L'agent du gouvernement, Cary Grant, est obligé de lui conseiller d'accepter cette union qui le rend malheureux. Lui aussi est amoureux de la jeune femme.

« Il y a une scène qui est absolument magnifique, dit Claude Chabrol en évoquant ce film. Ingrid, qui a épousé Claude Rains, s'est aperçu que la cave renfermait quelque chose d'important. Elle a subtilisé la clef au cours d'une réception. La caméra nous montre un plan général des invités puis elle se met à descendre progressivement en resserrant l'image autour de la main d'Ingrid. Elle finit par isoler cette main où l'on voit la clef en gros plan. Tout cela pour nous montrer qu'au milieu des festivités elle ne pense qu'à cette clef qu'elle doit remettre discrètement à Cary Grant. Dans la scène suivante, on les voit tous les deux descendre à la cave pour chercher à élucider le mystère qu'ils pressentent. Ils trouvent en effet de l'uranium dans les bouteilles de champagne. Or, à l'étage, il vient à manquer du champagne pour la réception. Claude Rains descend lui-même. Il va surprendre le couple incapable de se cacher dans un espace si petit. Alors ils ne trouvent rien de mieux que de s'embrasser comme des amants. Rains en déduit qu'il est cocu mais pas qu'il est espionné. Mais le génie de cette scène est que l'on s'aperçoit très vite que Cary et Ingrid prennent du plaisir dans leur étreinte. Ils commencent à faire semblant de s'embrasser et, finalement, ils vivent une véritable histoire d'amour. »

Or, en 1946, quand sort le film, la commission de censure de Hollywood est toujours aussi tatillonne. Tout est codifié. Un baiser ne doit pas durer plus de trois secondes, chronomètre en main. Pour échapper à cette contrainte ridicule, Hitchcock a imaginé des stratagèmes dans son scénario. Ses héros ne s'embrassent jamais plus de trois secondes. Mais les scènes de baiser durent en réalité plus longtemps. Dès que le temps imparti par la censure touche à sa fin, Alfred s'arrange pour que le téléphone sonne ou que les amants soient dérangés par un bruit ou encore qu'ils aient quelque chose d'important à se dire. Ils sont donc obligés de s'arrêter de s'embrasser une fraction de seconde et les censeurs doivent remettre leur chronomètre à zéro.

« Ce qui m'a frappé, confie Michel Subor, c'est, lorsqu'un soir que Hitchcock m'avait invité à dîner, il m'avait fait visiter sa maison. Quand on est arrivé dans la chambre à coucher, il m'a dit : " Voici l'endroit où jamais rien ne se passe. " »

Une boutade que dément la présence de Patricia Hitchcock, fille d'Alfred et d'Alma.

À partir de 1948, Hitchcock devient son propre producteur. Il tourne *La Corde*, avec James Stewart. Le film lui fait gagner beaucoup d'argent. L'année suivante pour sa deuxième expérience en tant que producteur, il s'offre la participation de la plus grosse vedette de Hollywood à cette époque. Il s'agit d'une actrice qu'il connaît bien : Ingrid Bergman.

Alfred se sent très fier d'avoir pu décrocher financièrement la star des stars. Il considère que c'est une revanche sur les producteurs des grandes compagnies. Tout le monde veut prendre Bergman dans son film; peu en ont les moyens.

Le film que doit tourner Hitchcock avait Ingrid s'appelle *Les Amants du Capricorne*. Le réalisation doit se faire en Angleterre. Alfred revient dans son pays avec, à son bras, l'actrice la plus célèbre du monde. À l'aéroport, journalistes et photographes entourent les deux personnalités. Flatté dans toute sa vanité, le metteur en scène se demande quand même s'il ne vient pas de faire une bêtise : payer une actrice aussi cher pour le simple plaisir de rivaliser avec les majors de Hollywood?

« C'est infantile et ridicule », avouera Hitchcock plus tard.

Commercialement, *Les Amants du Capricorne* vont être un échec. Le public ne va pas s'intéresser à cette histoire de lady qui tombe amoureuse d'un palefrenier. Il ne reconnaît pas le style du maître du suspense, il ne retrouve pas dans le scénario le genre de frissons auxquels il est habitué.

Ingrid Bergman et Alfred Hitchcock se séparent professionnellement et définitivement. Ils sont fâchés. Ingrid garde un mauvaise souvenir de son séjour en Angleterre. Hitchcock a voulu tourner de longues séquences avec de grands panneaux de décors qui disparaissaient autour d'elle pendant qu'elle joue.

« Un véritable cauchemar », dit-elle.

Quant au metteur en scène, il explique leur mésentente de la façon suivante :

« Ingrid ne voulait faire que des chefs-d'œuvre. Après avoir tenu un grand rôle, elle voulait en jouer un autre encore plus grand. Alors, très vite, elle se sentait obligée de tourner Jeanne d'Arc. C'est ridicule. Je lui disais : “ Jouez un personnage de petite secrétaire. Cela peut faire un très grand film, la vie d’une dactylo, si c’est bien joué et surtout si c’est bien raconté. ” Moi, je ne me dis jamais avant de commencer mon travail : “ Je vais faire un chef-d’œuvre. ” Je me dis : “ Je vais faire un bon petit film. ” Et puis, si, après, cela rapporte des millions de dollars et que tout le monde crie au génie, tant mieux! Mais en le tournant, je ne pense jamais à cela. »

Hitchcock est un homme simple, disent ses amis. Il n’a pas besoin de fréquenter les cocktails et de s’entourer d’une foule de faux amis pour se sentir exister. Alma, sa femme, suffit à son équilibre et à son bonheur. Elle est toujours présente à côté de lui quand il travaille, quand il voyage, quand il prend ses décisions.

« Ah oui, Alma était toujours là, discrète. D’ailleurs, il aimait s’entourer de femmes pour travailler, toujours les mêmes. Il était très fidèle. »

1951, le décor se situe dans un parc d’attraction, l’une de ces immenses fêtes foraines comme il en existe aux États-Unis. Comme des milliers de gens autour d’elle, une jeune femme s’amuse. Elle va de baraques en manèges. Elle court. Elle rit. Elle se retourne... Un homme la suivit.

« Vous êtes Miriam? lui demande-t-il.

– Oui. »

Il connaît son nom. Son regard devient dur, menaçant, dangereux. Ses mains sautent à son visage. Elle n’a pas le temps de crier. L’homme lui serre le cou, de plus en plus fort. Elle bascule en arrière. Ses lunettes tombent par terre. L’homme ne lâche pas sa proie. Il l'étrangle. La scène du meurtre se reflète dans les verres de la victime. C'est le crime du Nord-Express. L'auteur s'appelle Hitchcock.

L'Inconnu du Nord-Express est un film tiré d'un roman de Patricia Highsmith. Pour écrire l'adaptation, Alfred a fait appel au célèbre auteur de romans noirs Raymond Chandler, l'homme qui a fourni tant de scénarios aux films d'Humphrey Bogart. Mais, avec Hitchcock, Chandler ne se sent pas bien. Il lui reproche de travailler à l'envers, c'est-à-dire d'imaginer des scènes qu'il a envie de tourner et ensuite de demander au scénariste de les justifier dans l'histoire. C'est une bonne façon de faire du spectacle, mais trop déroutante pour un romancier. Quant aux personnages, Chandler les trouve toujours un peu sortis d'un cliché. Il y a le gentil jeune homme, la fille de la bonne société, la mamie qui fourre son nez partout ou le comique de service qui relance le rythme du film.

« Il était très attaché à la morale sociale, constate Claude Chabrol. Hitch considérait que c'était un garde-fou pour les gens, que, sans la peur du gendarme, les comportements personnels de chacun nous entraîneraient dans de dangereux excès. C'était assez pessimiste comme point de vue. Il était par exemple fou de joie quand sa fille a épousé un pasteur. Bien qu'un peu choqué en tant que catholique, il était content que ce soit un homme de haute moralité. »

Dans *L'Inconnu du Nord-Express*, Patricia Hitchcock joue un petit rôle. Elle manque de se faire étrangler par l'assassin car elle ressemble trait pour trait à la victime, encore une idée malicieuse de son père.

« Il n'aimait pas beaucoup les enfants, dit une de ses amies. Il ne s'intéressait pas beaucoup à ses petits-enfants par exemple. »

Le maître du suspense préfère la compagnie des adultes. Il adore leur faire peur comme à des enfants ou bien leur monter des canulars de collégien. Ce qui l'amuse beaucoup, par exemple, c'est d'inviter des amis à une party en recommandant à la moitié de ses invités de venir en smoking tandis qu'aux autres il déclare qu'il ne s'agit que d'un pique-nique sans protocole, au bord de sa piscine. Le jour venu, Alfred accueille tout le monde avec l'air étonné de voir arriver des gens en chemise et en pantalon de week-end alors que d'autres sont en tenue de soirée et que lui-même est déguisé comme pour un bal costumé.

« Il me surprenait beaucoup, confie Claude Jade. Il paraissait à la fois comme un monsieur très sérieux avec toujours une lueur dans l'œil qui frisait et il faisait peur à tout le monde sur le plateau. Plusieurs fois, il lui est arrivé de me prendre par les épaules et de m'entraîner dans un coin du studio pour de me dire des poèmes anglais un peu grivois simplement pour voir la réaction que j'allais avoir. »

En 1954, sort un film réalisé par Hitchcock en Naturalvision, un procédé qui offre la possiblité de voir les images en relief. Le spectateur reçoit pour cela à l'entrée de la salle une paire de lunettes en carton. Les scènes perçues en trois dimensions renforcent le réalisme de la mise en scène. Par exemple, dans *Le Crime était presque parfait*, on voit l'héroïne se faire attaquer par un homme qui cherche à l'étrangler avec un foulard. Elle se débat, tend la main vers une paire de ciseaux pour essayer de se défendre. Avec le relief, son bras semble sortir de l'écran comme pour supplier le spectateur de l'aider.

Malheureusement, en France, beaucoup de directeurs de salles, trouvant trop compliqué de distribuer des lunettes, priveront une grande partie du public du plaisir de découvrir Grace Kelly en relief.

Hitchcock a pour Grace Kelly les yeux du metteur en scène pour l'actrice idéale. Physiquement, elle représente le type de femme qu'il aime au cinéma. Coopérative, professionnelle, docile en toutes circonstances, Grace est sans défaut pour Alfred, qui attribue toutes ses qualités au fait qu'elle soit à moitié irlandaise, à moitié allemande et qu'elle se conduise comme une Anglaise. Ensemble, ils tourneront plusieurs films dont *Fenêtre sur cour* avec James Stewart et *La Main au collet* avec Cary Grant, l'acteur fétiche de Hitchcock.

La Main au collet va être le point de départ d'un conte de fées. Une partie du tournage se passe en France sur la Côte d'Azur. Grace Kelly rencontre son prince Charmant au cours d'une visite à Monte-Carlo. L'année suivante, en 1956, elle revient pour épouser Rainier. Grace devient princesse, le plus beau rôle de sa vie. Alfred restera très lié à son ex-actrice. Elle viendra souvent le voir à Hollywood en compagnie de son mari. Ils dîneront tous ensemble dans la cuisine des Hitchcock.

« Grace *adôore* ça! » confie un jour ce cher Alfred.

En 1956, Hitchcock refait un film qu'il a déjà tourné dans sa jeunesse : *L'Homme qui en savait trop.* James Stewart interprète le rôle du héros. Doris Day est sa femme. Ils sont entraînés dans une histoire d'espionnage. Leur enfant est enlevé. Stewart doit l'annoncer à sa femme. Il ne sait pas comment elle va prendre la nouvelle. Pour lui éviter trop de souffrances, il décide de lui administrer un somnifère avant de commencer son récit. Le sommeil arrive quand il annonce la disparition de l'enfant. Sa femme se débat contre l'engourdissement qui la prend. Elle lutte pour ne pas s'endormir en apprenant la nouvelle jusqu'au moment où, vaincue par le médicament, elle s'abandonne au sommeil. Sa douleur est anesthésiée.

« Cette idée est géniale, pense Claude Chabrol. C'est très fort parce que l'on joue sur des rapports humains et non sur des moyens artificiels de mise en scène. Le spectateur est touché plus profondément. »

C'est dans ce film également que le meurtre de la fin est commis dans un théâtre au moment d'un concert. L'assassin doit tirer au moment où le joueur de cymbale va faire résonner ses instruments, ce qui masquera le bruit du coup de feu.

« Il joue avec la psychologie du spectateur autant qu'avec celle des personnages, constate un écrivain français du suspense : Thomas Narcejac. C'est une partie continuelle entre lui et le public. Il mesure à chaque instant l'effet qu'il va produire. »

Avec ses films à suspense, ses histoires de crimes et surtout son diabolique sens du spectacle, Hitchcock a beaucoup de succès. Chacun de ses films lui rapporte énormément d'argent.

« Il adorait les dollars, diront ses amis. À Hollywood, on l'avait surnommé *Hitch the Rich.* »

Trois hommes surgissent sur le toit d'un building. Le premier est visiblement poursuivi par les deux autres : deux policiers. L'un en uniforme, l'autre joué par James Stewart est en civil. Le gangster saute sur le toit en pente d'un immeuble voisin. Le flic en tenue le suit. Difficilement. Il manque de tomber.

James Stewart bondit à son tour. Son pied glisse le long des tuiles. Ses mains s'accrochent désespérément. Il se rattrape *in extremis* à la gouttière qui ploie sous son poids. Au son de sa chute, son collègue se retourne, le voit pendu au-dessus de quarante mètres de vide. L'autre l'implore du regard. Plus bas, la rue grouille de circulation. Indifférente.

« Donne ta main! » lui crie-t-il.

Stewart ne bouge pas, paralysé par le vertige. L'autre s'approche du bord pour l'aider, il perd l'équilibre, il se tue.

Le scénario est signé Boileau et Narcejac, et le film s'appelle *Vertigo*.

« Hitchcock était obsédé par la mort, constate Michel Subor en allant un jour visiter sa maison. J'ai vu chez lui un dessin de Dalí représentant une image très morbide : le chevalier de la mort qui tend un crâne à Hitchcock. »

Alfred s'intéresse depuis toujours à la peinture. Lui-même dessine tous les plans de ses films. Il aime aussi se caricaturer et sa collection de toiles de maîtres est jalousée par de nombreux amateurs. Brigitte Auber se souvient d'une demande cocasse de son ami Alfred :

« Il voulait que je lui fasse rencontrer Bernard Buffet pour qu'il puisse lui demander de peindre une toile représentant un buffet qu'il aurait accrochée dans sa cuisine. Il tenait à avoir un buffet de Buffet! »

Cary Grant, seul, à pied, en rase campagne, vient d'échapper à une attaque aérienne. Il est victime de tueurs qu'il ne connaît pas, pour des raisons qu'il ignore et se demande encore ce qu'il fait là avec *La Mort aux trousses* depuis le début du film. C'est le quatrième film que Cary Grant tourne avec Hitchcock. Sa partenaire est la blonde Eva-Marie Saint et le rôle du méchant est tenu par James Mason, qui avouera plus tard s'être un peu ennuyé en tournant *La Mort aux trousses.*

« Parce qu'il n'y avait pas de travail de création. Il a choisi les acteurs qui savaient faire exactement ce qu'il voulait. Il avait tout écrit dans le scénario et il n'y avait pas de raison de le discuter. »

La Mort aux trousses entraîne Cary Grant, Eva-Marie Saint et James Mason dans une folle course poursuite sur les monts Rushmore, là où sont sculptées dans la montagne les têtes de quatre Présidents des États-Unis. Chacun de leur visage mesure dix-huit mètres de hauteur. Leurs nez font plusieurs fois la taille d'un homme. Les reliefs dessinés par les contours des lèvres permettent au couple de héros de servir de corniche pour tenter de s'enfuir et d'échapper à leurs poursuivants. Sur l'écran, les images sont grandioses.

Pendant six ans, de 1955 à 1961, Alfred devient producteur, metteur en scène et présentateur de télévision. Chaque semaine, il propose aux téléspectateurs un petit film d'une heure racontant un crime.

« Avec dans l'histoire, le maximum de cadavres que peuvent le tolérer mes commanditaires », dit-il le jour de sa première émission.

Si Hitchcock joue tant avec la mort, c'est bien sûr pour faire peur au public, mais c'est aussi pour exorciser sa propre peur. Il avoue lui-même être craintif. Son audace se limite à ses talents cinématographiques. Une audace qu'il va pousser jusqu'à l'extrême en réalisant celui qui deviendra le plus célèbre de ses films : *Psychose.*

Un homme pousse la porte d'une grande maison vide. Du moins le croit-on. L'homme monte l'escalier, toujours plus haut. À l'étage, un filet de lumière glisse sous une porte qui s'entrebâille. L'homme ne se rend compte de rien. Le spectateur, lui, a vu le danger, pas l'homme. Trop tard, il ne voit que le couteau de l'assassin s'abattre sur son visage.

L'assassin, un jeune homme schizophrène, est joué par Anthony Perkins.

« J'avais rencontré Hitchcock juste avant qu'il tourne *Psychose.* Il était venu à Paris et il y avait Tony Perkins. C'était amusant parce qu'il le couvait vraiment comme son fils. C'était très curieux. On avait l'impression que c'était son fils », commente Claude Chabrol.

Psychose est un très grand succès. Le film a coûté 800 000 dollars et il va en rapporter 16 millions! Mais, si Alfred est très fier de gagner autant d'argent, sa vie ne change pas. Il continue de travailler comme d'habitude. Chaque jour de 9 heures à

17 heures, même quand il ne tourne pas de film, il se rend à son bureau des studios : un bungalow composé d'une entrée, un bureau pour sa secrétaire, un autre pour son assistante, son bureau personnel, sa salle à manger, sa salle de montage et sa salle de projection.

« Ce qui m'avait frappé, dit Claude Jade, c'est de voir tout le monde trembler devant lui sur le plateau. Le premier assistant, par exemple, qui pourtant n'était pas un jeune homme mais un monsieur d'un certain âge, le deuxième, le troisième assistant, tous étaient au garde-à-vous ou exécutaient en silence les ordres du maître, et lui, Hitchcock, attendait assis sur son fauteuil. Le seul geste qu'il faisait quand il s'énervait, c'était de rapprocher les deux pouces de ses mains croisées devant son estomac. »

Alfred adore que tout soit en ordre. Il évite soigneusement toute discussion, toute complication inutile. Il aime que son environnement soit calme. C'est un trait de caractère. Son bureau est toujours parfaitement rangé. Cela lui procure une paix intérieure indispensable pour rester disponible pour son travail.

Dans sa vie, Hitchcock s'arrange aussi pour que tout soit ordonné. Quand il prend un bain, il remet soigneusement à leur place tous les objets dont il s'est servi. Il nettoie tout parfaitement.

« Je ne laisse aucune trace, dit-il. En somme, comme le ferait un meurtrier après un crime. »

Après *Psychose*, le maître du suspense veut offrir au public un film encore plus impressionnant. L'idée du sujet lui vient à l'esprit le jour où il apprend que dans la région de San Francisco des corbeaux ont attaqué de jeunes brebis en leur arrachant les yeux. Des oiseaux meurtriers. Si tous les oiseaux, d'un seul coup, se mettaient à attaquer... les hommes.

Alfred raconte à son amie Odette Ferry qu'il a été impressionné étant enfant par les oiseaux d'une voisine.

« C'était au début du siècle. Les femmes portaient de grands chapeaux avec des oiseaux empaillés. C'était une image qui lui était restée. Il s'était dit : " Puisqu'on empaille les oiseaux pour en faire des chapeaux, pourquoi les oiseaux ne se révolteraient-ils pas un jour? " »

Les oiseaux de Hitchcock sont impressionnants car ce ne sont pas des oiseaux de proies, traditionnellement cruels, mais des oiseaux ordinaires comme ceux que l'on côtoie tous les jours sans y prêter attention. Le film commence d'ailleurs par un fait banal. Une mouette blesse une femme au front. Gronde alors la révolte des oiseaux. La nuit des milliers de moineaux attaquent une maison en s'engouffrant dans les cheminées. Le lendemain, des enfants sont assaillis par des corbeaux. L'héroïne est une blonde, fragile, mondaine, ne connaissant rien à la nature, sans force pour se défendre. C'est Tippi Hedren qui joue le rôle. Alfred l'a vue dans des publicités. Il a été séduit par son habileté à camper un personnage et il est devenu son Pygmalion.

« Il l'a entièrement fabriquée, dit Claude Chabrol. Il a modifié son visage, sa façon de parler, sa démarche, tout a été revu et corrigé. »

« Je crois que la femme qu'il a aimée, après Alma, a été Tippi Hedren, confie Odette Ferry. Mais, elle, elle n'a rien voulu savoir, et je sais qu'il en a éprouvé beaucoup de peine. Sa femme l'a su. Elle lui a fait des scènes qui l'ont bouleversé et qui l'ont poussé à boire. Ce qu'il ne faisait jamais avant 18 heures. À la fin de sa vie, la boisson était devenue une passion. Sa passion avec une certaine obsession des femmes. »

Avec Tippi Hedren, il refera un autre film : *Pas de printemps pour Marnie* en 1964. Puis il tournera *Le Rideau déchiré* avec Paul Newman et *L'Étau* avec des artistes français comme Michel Piccoli, Claude Jade, Michel Subor, Philippe Noiret, Dany Robin. Hitchcock réalisera son dernier film en 1976 à l'âge de soixante-dix-sept ans.

« Il ne sortait plus de sa voiture, raconte Claude Chabrol. Il dessinait le plan, disait : “ Mettez tel objectif, la caméra à tel endroit ”, et il faisait répéter les acteurs de sa voiture. »

« Évidemment il ne pouvait plus marcher, nous confie Odette Ferry. Il souffrait d'arthrose. Il me demandait si j'en avais. Je lui répondais : “ Non, mais ma sœur en a. ” Cela avait l'air de le consoler que quelqu'un d'autre ait les mêmes souffrances que lui. »

Alfred Hitchcock est mort le 29 avril 1980. Ses obsèques ont eu lieu dans une petite église de Santa Monica en Californie. Les caméras de télévision ont montré l'assistance au public américain : James Stewart, Cary Grant, Gregory Peck, Janet Leigh, Tippi Hedren, Grace Kelly, tout le monde est venu rendre un dernier hommage à leur ami. Tout le monde était là sauf le cercueil de Hitchcock. Un élément de suspense qu'il avait voulu garder en réserve pour la fin.

LES MARX BROTHERS

VOICI LES FRÈRES MARX, LES ENFANTS TERRIBLES de l'histoire du cinéma. Ils sont cinq : Gummo et Zeppo, les deux petits que l'on connaît moins. Groucho, Chico et Harpo, les trois aînés que le cinéma a rendus célèbres dans le monde entier. La grosse moustache taillée comme un buisson d'épine, c'est Groucho. Celui qui porte toujours un petit chapeau pointu s'appelle Chico. Quant à l'angelot bouclé comme une poupée de porcelaine, il ne parle qu'avec les yeux ou avec sa harpe. D'où son nom : Harpo. À les voir tous les cinq, on croirait qu'ils sortent d'une boîte de farces et attrapes.

L'histoire des Marx commence en Alsace, le jour où Samuel rencontre Minnie, la fille d'un prestidigitateur originaire de Dortmund. Très amoureux l'un de l'autre, les deux jeunes gens se marient et décident d'émigrer en Amérique.

Installé dans le quartier juif de New York, le couple se lance à la conquête d'une nouvelle vie. Très vite, Samuel Marx devient célèbre comme le plus mauvais tailleur du quartier. Il compense cette triste réputation par ses talents de cuisinier qui attirent chez lui tous ses voisins. Le temps libre que son métier lui laisse, faute de clients, il l'occupe à jouer aux cartes. Minnie, sa femme, est aussi peu attirée par les tâches ménagères que les dandies par le savoir-faire de Samuel. Elle préfère pousser sa famille sur les planches. Grâce à elle, son frère Al devient une vedette de vaudeville.

A partir de 1891, tout s'accélère. Minnie fonde sa troupe, et, tous les dix-huit mois, elle met au monde un petit Marx. D'abord Léonard que l'on appellera Chico parce qu'il aime courir les filles (Chico est inspiré de l'anglais *chicken*, les « poulettes »). Puis voilà Adolph, dit Harpo, à cause de sa passion pour la harpe que lui a léguée sa grand-mère. Le suivant s'appelle Julius. On le surnommera Groucho, diminutif qu'il doit au *grouch* qu'il porte toujours autour du cou. C'est un petit sac qui lui sert à mettre ses dollars. Dans l'ordre arrivent ensuite Milton, dit Gummo, parce qu'il mâche sans arrêt du chewing-gum, et Herbert, que l'on appelle familièrement Zeppo parce qu'il ne parle que des dirigeables Zeppelin.

Comme la plupart des immigrés, les Marx éprouvent des difficultés à survivre. Ils découvrent des aspects des États-Unis dont on parle peu en Europe : la misère, la violence, le racisme. Gagner de quoi rester en vie est un vrai problème qu'ils doivent résoudre jour après jour. Le formidable dynamisme que montrent les enfants et leur mère leur donne des atouts que l'on retrouvera plus tard dans leurs films. Chico semble plus doué que n'importe qui en calcul mental. Il peut dire instantanément combien vont lui rapporter les costumes des clients de son père qu'il va porter chez le prêteur sur gages et calculer ce que rapportera l'investissement de la somme obtenue dans une partie de cartes ou une course de chevaux. Mais Minnie Marx préfère le show-business aux affaires. Elle décide de faire de Chico un artiste. Elle l'inscrit à des cours de piano.

Contrairement à la légende, Harpo n'est pas muet. Tout le quartier en est convaincu le jour où les voisins l'entendent hurler parce que deux élèves antisémites essaient de le passer par la fenêtre du premier étage de l'école. C'est à partir de ce moment-là qu'il décide d'arrêter ses études. Il va suivre l'exemple de Chico, qui a tout appris dans la rue.

Groucho, le troisième héritier de la dynastie des Marx, est bon élève. Il passe pour l'intellectuel de la famille. Il ne traîne pas avec les mauvaises fréquentations du quartier, mais il est toujours à la recherche de quelques dollars de plus. Groucho est complètement obsédé par l'argent. Sa mère en profite pour lui vanter les fabuleux cachets que gagnent les artistes, ce qui provoque chez Groucho une irrésistible vocation : il sera chanteur!

Vers treize ans, les Israélites célèbrent la bar-Mitsva, une cérémonie religieuse qui symbolise le passage de l'enfance à l'âge adulte. Les jeunes Juifs doivent ce jour-là lire quelques mots d'hébreu. Ils font un discours témoignant leur respect et leur gratitude envers leurs parents. En échange, ils reçoivent un cadeau. C'est surtout ce dernier point que retiennent les petits Marx. Chico achète deux cents discours et se met à les lire le plus vite possible en espérant avoir deux cents cadeaux. Harpo relit les mêmes textes et se voit offrir une montre. Chico s'empresse de la lui prendre pour l'échanger contre de l'argent chez le prêteur sur gages. Furieux, les parents Marx rachètent la montre et la rendent à Harpo, qui, pour décourager son frère, enlève les aiguilles.

En 1910, Minnie Marx a toujours la même idée en tête : faire de ses fils des vedettes de music-hall. Elle lance Gummo et Groucho avec une jeune chanteuse sous le nom des Trois Rossignols. Quant à Chico, il déteste le piano, mais il trouve cet exercice moins fatigant que tout autre travail, alors il accompagne les entraîneuses dans les bars. Harpo a une vie encore plus excitante. Il est pianiste à la Taverne du bon temps, une maison de passe où règne Mme Chang, un redoutable chef de gang des années 10.

Lassé de se réfugier sous le piano pendant les innombrables bagarres, Harpo quitte la Taverne du bon temps. Il retrouve sa mère, qui le prend par le col pour le faire monter sur scène avec ses frères. Les Trois Rossignols deviennent quatre. La troupe part en tournée. Tout le monde participe au spectacle, y compris Minnie et une de ses amies. Les Trois Rossignols se transforment alors en Six Mascottes. Mais, devant le spectacle déplorable donné par les Six Mascottes, ils préfèrent revenir à la formation des Trois Rossignols.

Groucho propose sans cesse des idées de sketches. Le spectacle des petits Marx devient de moins en moins musical. Pour se consoler de ne plus entendre chanter ses fils, Minnie leur donne leur nom de théâtre définitif. Désormais, ils s'appelleront Les Marx Brothers. À la même époque, c'est-à-dire vers 1911, Groucho et Harpo créent leurs personnages qui deviendront légendaires. La moustache en platebande pour Groucho et la perruque bouclée pour Harpo. Harpo qui ne se sépare plus jamais de sa harpe.

Sur scène, les farces des Marx tournent souvent à la bataille rangée. Parfois, il faut même entièrement reconstruire le décor pour la représentation suivante. Par exemple, un soir, en se tournant vers l'orchestre, Harpo aperçoit une vieille connaissance : le pianiste. Pour mettre un peu plus d'ambiance dans le spectacle, il lui lance une orange à la tête. L'autre la lui renvoie en poussant un cri de fureur. Groucho et Gummo, qui font aussi partie de la troupe, s'en mêlent. Ils jettent tout ce qui leur tombe sous la main sur l'homme, qui s'est réfugié sous son piano. Tous les musiciens de l'orchestre répliquent. La scène est prise d'assaut. À la tête de l'offensive générale contre les Marx, on retrouve le pianiste. C'est Chico. Chico, qui, par hasard, se trouvait faire partie de l'orchestre du théâtre où passaient ses frères. Désormais, Chico ne quittera plus la troupe des Marx Brothers.

1917, Les États-Unis sont entrés dans la Première Guerre mondiale. Harpo et Gummo partent pour l'Europe combattre sur les terres de leurs ancêtres. À leur retour, ils reprennent leur place dans leur spectacle. L'absence des deux frères n'a pas détruit la troupe. Les Marx peuvent encore vivre de leur art. Un célèbre critique de music-hall loue dans les colonnes d'un journal de New York les talents de comédien d'Harpo, mais regrette qu'il s'exprime avec la parole.

« À chaque fois qu'il parle, il brise le charme poétique de son jeu », écrit-il.

Groucho, également de cet avis, conseille à son frère de se contenter de faire le muet. Naît alors cet étonnant personnage de pantomime halluciné qui restera légendaire au cinéma.

1919. Groucho se marie, et Gummo quitte sa famille pour se lancer dans un commerce d'imperméables. Les Marx Brothers vivent une période difficile. Leurs tournées théâtrales se révèlent de moins en moins rentables. Les frais de représentation sont lourds à supporter. Minnie envisage de dissoudre la troupe pour que ses enfants puissent tenter leur chance chacun de leur côté, mais Chico sauve la situation. Au cours d'une partie de cartes, il rencontre un producteur de Broadway qui connaît un riche industriel dont la petite amie veut devenir vedette de music-hall. Chico, Harpo, Groucho, Zeppo et Minnie se mettent sur l'affaire. Ils engagent la fille dans leur troupe. L'industriel investit dans le spectacle des Marx, dont sa petite amie devient aussitôt la vedette. Voilà comment les fils de Minnie se retrouvent tout à coup en train de jouer sur la plus célèbre avenue de théâtres du monde : Broadway. Ils ont du succès. Le public est enthousiaste. Leurs gags désopilants les hissent très vite au sommet de l'affiche. Dès lors, ils n'ont plus besoin de la fille pour poursuivre leur spectacle. Ils la remercient en la mettant à la porte.

Pour la première fois, les Marx ont de l'argent. Samuel, le père, en profite pour devenir élégant. Il fait faire ses costumes chez les autres tailleurs. Chico parie sur toutes les courses de chevaux en menant une vie de nouveau riche. Zeppo s'achète un bateau. Groucho se fait éditer, et Harpo fréquente les milieux intellectuels. Les Marx sont devenus des vedettes. Sur scène, ils rivalisent d'imagination. Chacun essaie d'attirer l'attention du spectateur sur son propre numéro avant que l'autre n'ait terminé le sien. Souvent, les meilleurs gags partent d'une improvisation sur une situation inattendue. Par exemple, un jour, Harpo, qui a l'habitude d'entrer en scène seulement vêtu d'un caleçon et d'un imperméable qu'il ouvre brusquement en poursuivant une jolie blonde, se retrouve dans la même situation, mais sans sous-vêtement. Gêné de se sentir tout nu devant le public, il court se réfugier en coulisses et réapparaît quelques secondes après..., le visage peint en rouge, de honte.

Un autre tour resté célèbre consiste à présenter sur scène un gigantesque casse-noix sur un rail qui entraîne le fruit dans des dédales interminables. Le spectateur suit son cheminement comme fasciné par une nacelle de grand huit sur un manège colossal. À l'arrivée, la coquille est censée terminer sa course dans un petit réceptacle au-dessus duquel un marteau va venir s'abattre pour la casser. Au bout de trois minutes de circonvolutions, le public, content d'assister enfin à l'opération finale, se réjouit de voir tomber la noix sous le marteau... qui ne la casse pas!

En 1929, les cours de la Bourse de New York montent à une vitesse incroyable. Les Marx, comme la plupart des Américains, achètent des actions qu'ils refusent de vendre. Résultat : parmi les victimes du crack de Wall Street, on dénombre les frères Marx. Second malheur qui survient au cours de cette année noire : Minnie, victime d'une crise cardiaque, meurt alors qu'elle est âgée de soixante-cinq ans.

Après la crise, les Marx se lancent dans le cinéma. Ils ont déjà tourné deux films dans les studios de Long Island. Mais, c'est sur la côte Ouest que l'on peut faire carrière. Ils signent un contrat avec Paramount pour interpréter trois films. Les deux premiers reprennent leurs succès de Broadway : *The Cocoanuts* et *Animals Crackers.* Le tournage de *The Cocoanuts,* sous la direction de Robert Florey, ressemble à un vaudeville. Entre deux prises de vues, Chico ne peut pas s'empêcher d'aller jouer aux cartes ou de s'informer sur les résultats des courses. Ses frères courent sans arrêt à sa recherche. Lorsque les Marx sont au complet, et que la caméra tourne, il faut souvent interrompre la scène parce que le metteur en scène rit si fort, en les voyant jouer, qu'il couvre leurs dialogues.

Après le tournage de *The Cocoanuts*, les Marx partent faire du théâtre en Angleterre. Puis ils reviennent à Hollywood tourner leur deuxième film pour la Paramount. Il s'agit encore d'une adaptation de l'une de leurs revues qui a eu du succès à

Broadway : *Animal Crackers*. Avec cette production, leur gloire devient internationale.

En 1933, la Paramount confie les Marx à un grand metteur en scène du burlesque : Leo McCarey. C'est l'homme qui a eu l'idée de réunir Stan Laurel et Oliver Hardy. McCarey s'aperçoit vite qu'il n'aime pas travailler avec les Marx. Il les trouve complètement fous. Malgré cela, ils tournent ensemble *La Soupe aux canards*. Le film n'obtient pas beaucoup de succès. Les Marx Brothers connaissent à nouveau des problèmes financiers. Zeppo préfère arrêter de jouer. Il fonde à Hollywood une agence de théâtre. Son frère Gummo, déjà reconverti dans les affaires, vient le rejoindre. Devant les caméras, il ne reste plus que Groucho, Harpo et Chico, pas pour longtemps, ils sont en fin de contrat avec la Paramount, et les producteurs ne croient plus à leur avenir. Leur engagement n'est pas renouvelé. Pour vivre, Harpo qui n'aime pas voyager, est obligé d'accepter une tournée en URSS. Pendant ce temps-là, Chico et Groucho font de la radio.

Encore une fois, c'est grâce à Chico et à ses parties de cartes que les Marx vont sortir de cette période obscure. Chico rencontre Irving Thalberg, producteur à la compagnie Metro-Goldwyn-Mayer. Thalberg pense que les films qu'ont tournés les Marx jusqu'à présent sont très médiocres. Il propose de mettre au point un scénario solide qui leur fera retrouver le succès auprès du public. Les Marx tournent alors le plus célèbre de leur film : *Une Nuit à l'Opéra*. Ils deviennent riches. Le monde entier reconnaît enfin leur talent. Harpo en profite pour se marier et acheter une maison. Pour se protéger des importuns, il l'entoure d'un immense mur de pierre avec une seule porte qui donne accès sur la rue. Sa joie est d'aller ouvrir lui-même aux visiteurs car, juste derrière la porte..., il a fait construire sa piscine. La première fois, personne ne se méfie du danger. Tout le monde prend un bain!

En 1936, Irving Thalberg reprend la recette d'*Une Nuit à l'Opéra* pour monter un nouveau film avec les Marx. Il demande à Sam Wood de se charger de la mise en scène. Le scénario plaît à Chico. Il s'agit de raconter un jour aux courses.

Dans ce film, on retrouve le personnage de Marguerite Dumont, le souffre-douleur des Marx au cinéma. Ils se moquent d'elle, lui volent ses bijoux, l'entraînent dans des situations où elle paraît ridicule. Mais Marguerite Dumont reste toujours digne envers et contre tout. Sa grande faiblesse est de se laisser séduire par les belles paroles de Groucho.

Un Jour aux courses rapporte encore plus d'argent que les précédents films. C'est un succès considérable. En 1939, les Marx tournent un film pour la compagnie RKO : *Room Service*, distribué en France sous le titre de *Panique à l'hôtel*. Irving Thalberg est mort. Le film n'obtient qu'un succès mitigé. Les Marx se demandent si ce n'est pas à cause du nouveau directeur de production qui n'a pas le génie de Thalberg pour rendre un film commercial.

Les frères Marx ne se rencontrent plus qu'en studio. Ils vivent chacun de leur côté. Leur père est mort. Chico et Groucho continuent à faire des émissions de radio. Pour renouveler les performances des Marx, les producteurs de MGM pensent à leur faire tourner un western : *Go West.* Pour la première fois, ils quittent le traditionnel costume de leurs personnages. Harpo et Chico sont chercheurs d'or. En fait, ils cherchent à « rouler » Chico. *Go West* est une parodie de western. On voit Harpo sortir son pistolet au cours d'un duel, il tire, sort du canon un balai-brosse. Tout le monde se met à rire. Harpo époussette le gilet de son adversaire. À ce moment-là, le coup part tout seul et tue l'homme qui était en train de se moquer de la farce d'Harpo.

A la veille de l'entrée en guerre des États-Unis, les Marx Brothers tournent pour MGM : *The Big Store, Le Grand Magasin.* Cette fois, le public les retrouve en détectives privés. Puis les frères restent cinq ans sans faire de cinéma. Groucho participe à quelques émissions de télévision. Harpo fait du théâtre, et Chico dirige un orchestre. Les trois Marx vivent bien et n'ont nul besoin d'argent. En 1945, ils annoncent qu'ils ne veulent plus faire de films. Ils acceptent pourtant la proposition d'une compagnie indépendante : United Artists. Les producteurs leur promettent une participation aux bénéfices. Est-ce la peur de redevenir pauvres, ou bien la crainte de laisser passer un dollar sans le ramasser qui les fait accepter? Toujours est-il que, voyant le montant du cachet, Groucho, Chico et Harpo se bousculent pour signer au bas du contrat. Le film s'appelle : *Une Nuit à Casablanca.*

Harpo rencontre des difficultés avec les producteurs. Ils veulent le faire parler puis lancer une gigantesque campagne de publicité en l'annonçant.

Harpo refuse et apparaît au début du film comme d'habitude muet sous sa perruque bouclée. Il est appuyé à un mur. Passe alors un policier qui lui dit : « Qu'est-ce que tu fais là? Tu soutiens le mur? » Harpo sans dire un mot s'en va. Alors le mur s'écroule. Malgré quelques scènes, le film est décevant. Les Marx ont dépassé la cinquantaine et, malgré leur jeunesse de caractère, on ne retrouve plus la fraîcheur des gags d'autrefois.

Après *Une Nuit à Casablanca*, les trois frères se séparent. Harpo fait des numéros de music-hall dans les night-clubs. Chico achète une chaîne de restaurants. Groucho décide d'abandonner le métier de comique. Il loue ses services à une chaîne de télévision comme présentateur. Quant à Harpo, le mime Marcel Marceau se souvient de l'avoir rencontré à la fin de sa carrière.

« Il avait dépassé la soixantaine et il avait le sourire de l'enfant qu'il était resté. Avec cette naïveté, cette pureté qu'il a toujours gardées dans un monde un peu âpre. De temps en temps, il faisait une représentation dans un music-hall de Las Vegas. Il paraissait un peu triste avec la nostalgie d'un grand clown qui regrette de ne plus pouvoir faire de farces avec ses frères. »

Groucho et Harpo passent la fin de leur vie à écrire leurs Mémoires. Ils réapparaissent une dernière fois ensemble à la télévision. Puis, en 1961, Chico, l'aîné, meurt. Harpo disparaît en 1964. Groucho attend d'avoir quatre-vingt-six ans pour prendre son tour. Ils partent dans le même ordre qu'ils sont venus au monde.

TABLE DES MATIÈRES

Impression réalisée sur CAMERON par
BRODARD ET TAUPIN
La Flèche

pour le compte d'Edition°1
en mars 1993

Imprimé en France
Dépôt légal : mars 1993
N° d'édition : 3021 - N° d'impression : 1188H-5
ISBN : 2-863-91547-9
49-75-0800-01

49.0800.0